Sigi Sommer

DAS KOMMT NIE WIEDER

SIGI SOMMER

Das kommt nie wieder

Ein Münchner Erinnerungsbuch

Mit 23 Zeichnungen
von
Ernst Hürlimann

VERLAG R. S. SCHULZ

Inhaltsverzeichnis

Sag mir wo die Käuze sind

Hamburg hatte einst seinen berühmten Wasserträger Hummel-Hummel, ganz Berlin schmunzelte über den Eckensteher Nante, Köln nannte den weltberühmten Schalk Till Eulenspiegel sein eigen, Hameln seinen Rattenfänger, Hannover den Münchhausen. München jedoch war geradezu immer schon das Paradies der komischen Vögel und der sanften Irren. Und so wandern diese Käuze, belächelt, geliebt und manchmal auch beneidet, durch die gesamte Stadtchronik. So wie einst durch die schmalen Gassen, die Auer Vorstadt oder die alten Café-Häuser, von denen das berühmteste das Café »Haarpuder-Waberl« am Petersbergl war. Dort ganz in der Nähe hatte auch der Peter Fleckerl vom Rindermarkt, der geradezu zum Sprachschatz des alten Münchens gehörte, seinen Standplatz. Er war die »Ortsratsch'n« vom Dienst und den ganzen Tag nur auf den Beinen, um allen Tratsch, alle Latrinenparolen und Neuigkeiten zu erfahren und seine lieben Mitmenschen gehörig auszurichten. Bürgerlich hieß er Peter Wirrlein, und seinen Spitznamen hatte er davon, weil ihm ein paar andere Spaßvögel einmal ein rotes Fleckerl auf seinen Rücken geheftet hatten, damit man ihn gleich überall erkennen sollte.

Ein Zeitgenosse von ihm war auch der »ewige Hochzeiter«, der ein bißchen verloren und hilflos durch die Altstadt stolperte und alle Leute fragte: »Habt's ihr mei Fannerl net g'sehn?« Dazu trug er einen feierlichen Zylinderhut und einen völlig abgeschlafften Blumenstrauß in der Hand. Aus Jux hatte sich nämlich eine reiche Brauerstochter mit ihm verlobt. Doch der Einfaltspinsel war auf den Spaß hereingefallen und fahndete bis an sein Lebensende nach der verlorengegangenen Braut.

Zur gleichen Zeit genoß der »Finessen-Sepperl« mit seiner Freundin, dem »Zwerg-Lehnerl«, die zusammen nur 180 Zentimeter groß waren, die Sympathien der Münchner Bürger und Tritschler. Der Sepperl hatte eine Art Stadtpost für verliebte Leute aufgezogen und war den ganzen Tag fleißig mit den rosaroten Brieflein unterwegs. Das »Zwerg-Lehnerl«, das ihren Freund um Jahrzehnte überlebte, kam auch nach ihrem Tode noch zu hohem Ansehen. Ihr Skelett wurde nämlich in der medizinischen Sammlung, in der es sich immer noch befindet, aufgestellt. Direkt neben dem Lorenz Hauser, einem gutmütigen Tölpel, den seine Frau Mutter schon zu Lebzeiten an die Anatomie verkauft hatte, weil er 2,18 Meter groß war und ein ungeheures Unterkinn besaß. Als das Riesenbaby dann mit zweiundzwanzig Jahren starb, zog ihn die Frau Mama, fest in Decken gewickelt, »auf zweimal« mit dem Leiterwagl von ihrem Heimatort Tegernsee nach München herein.

Im Range eines närrischen Staatssekretärs »Humoris causa« vergnügte der letzte bayerische Hofnarr Prangerl die königliche Tafelrunde, obwohl man ihm nachsagte, daß er überhaupt kein spaßiger Mann war, sondern ein böser kleiner Duckmäuser, der meistens auf einem Pony ritt. Vier der bekanntesten Berühmtheiten aus dieser guten alten Zeit hat übrigens irgendein Steinmetzmeister der

Nachwelt für immer überliefert. Denn ihre Köpfe schauen noch heute von den vier Ecken des Karlstor-Hauptbogens verstaubt und ein bisserl verbröselt aufs Münchner Pflaster herab. Es sind dies der Prangerl, der Peter Fleckerl, der »ewige Hochzeiter« und der Finessen-Sepperl.

Ganz besonders viele Amateurkomiker und Eigenbrötler traf man immer schon in den sogenannten Vorstädten, in der alten Au, in Haidhausen oder Giesing. Vielleicht ist das darauf zurückzuführen, daß man gerade in diesen Zonen jeden auf seine Art selig werden ließ. Als berühmtestes Au-Original muß man wohl den unvergeßlichen Karl Valentin bezeichnen. Und obwohl seine Mutter eine Sächsin und sein Vater ein Hesse war, wollte der weltberühmte Linksdenker von seiner Abstammung nicht viel wissen und bezeichnete sich selbst als »Auer Vorstadtlackl«. Und der philosophische Spaßettlmacher hing mit solcher Liebe an seiner kleinen Heimat, daß es ihm oft die Tränen in die Augen trieb, wenn er von der Zeit seiner Kindheit am Auer Mühlbach erzählte.

Stadtpfarrer Simon Knoll, nach dem sogar ein Platz benannt wurde und der wegen seiner gefürchteten Kanzelreden, bei denen er manchen Sünder namentlich von seiner hohen Warte aus ansprach und auch bisweilen eigenhändig aus der Kirche warf, ist heute noch ein Begriff bei den letzten Auer Ureinwohnern. Auch die »Minna Hupf«, ein altes Weib und so bös wie ein Furunkel, mit einem Holzfuß, den sie bisweilen als Wurfgeschoß benützte, gehörte in diese Ära. Ganz besonders harmlos dagegen war das »Lokomotiverl«, ein kleines wirres Männlein, das für ein Fünferl um den ganzen Mariahilfplatz lief und dazu genau wie eine Lokomotive schnaufte. Der Turmkraxler Adelmann gehörte ebenfalls zu den populären Auern. Ihn hatte man nämlich bei der Feuerwehr nicht genommen, weil er angeblich nicht schwindelfrei war. Da stieg er dann barfuß an der Außenwand der Mariahilfkirche bis zum Gipfelkreuz hinauf.

Fast Weltberühmtheit erlangten in diesen Jahren die bayerischen Herkulesse, wie der Alois Seelos und vor allem der Steyrer Hans, der sich selbst als den stärksten Mann der Welt bezeichnete. Er hob, zwischen zwei Stühlen stehend, mit dem Mittelfinger einen fünf Zentner schweren Stein »aus dem Kreuz«. Denselben Stein, den heute in der Starkbierzeit die kräftigsten Söhne der weiß-blauen Kolonie beidhändig im Löwenbräukeller

MINNA HUPF

gerade noch etwas »lupfen« können. Die Schnupftabaks-
dose vom Steyrer Hans hatte das niedliche Gewicht von
vierzig Pfund, und sein Hacklstecken wog einen runden
Viertelzentner. Der Hans, der einige Wirtschaften mit
wechselndem Erfolg betrieb, liegt seit 1906 ziemlich friedlich im Ostfriedhof begraben.

»Ich bin am 19. November 1639 geboren und habe ein
Vermögen von 9700 Gulden«, so schrieb der Konditor
Eduard Bachmair in sein Zuckerbäcker-Konzessionsgesuch
vom 27. Juli 1663. Der Edi bekam seine Betriebserlaubnis

11

auch und gründete ein Konditorgeschäft, Ecke Karl- und
Barerstraße. Damit wurde er auch zum Erfinder des
Schaufensters. Denn er war der erste Geschäftsmann seiner Zunft, der sich eine riesige Glasscheibe vor seine Auslage machen ließ, die nach unserem Geld 15 000 Mark
gekostet haben soll. Diese Wahnsinnsausgabe brachte ihn
auf die »Gant«, und er kam bald so weit herunter, daß er
völlig zerlumpt als Hausierer sein Geld für ein Flaschl
Schnaps verdienen mußte. Von da ab hieß er einfach »der
Rahmerl-Mann«, weil er kleine gepreßte Papierrähmchen
von Heiligenbildchen darbot. Nie jedoch sah ihn irgendein
Mensch etwas verkaufen, weil er – durch die Gaststätten
laufend – seine Ware nur mit den Worten anpries: »Sie
kaffa nix, Sie aa nix – Ihr kafft's wohl alle mitanand
nix.«

Der »Oachkatzl-Baron« hatte seinen Stammsitz beim
»Schlicker« im Tal, trug mindestens sieben Brillantringe
an den Fingern und eine massive Goldkette um den stattlichen Bauch. Das gewaltigste an ihm aber war sein
Schnurrbart, der von Spitze zu Spitze fünfzig Zentimeter
maß und so buschig war wie ein Oachkatzlschwoaf.

An der Schmalseite des Prominententisches im »Hofbräuhaus« saß zur selben Zeit der »Pfui-Deifi-Professor«,
der deshalb so genannt wurde, weil er bei jedem Bissen,
den er aß, in den Schlachtruf ausbrach: »Pfui Deifi, pfui
Deifi, is des a Fraß.« Seine Phantasie kannte keine Grenzen, und er erzählte unglaubliche Geschichten von seiner
Freundschaft mit dem König Pompilius und dem Maha-
radscha Zimbabimbra. Sein Lieblingsthema jedoch blieb
das Essen. Und weil er gar so viel von chinesischen
Schwalbennestern und Meerspinnen in Madeira-Sauce
schwärmte, ließen ihm seine Spezl einmal so ein Gericht
machen, das er tatsächlich säuberlich bis zur letzten Faser
aufaß. Erst später erfuhr er dann, daß man ihm einen in

feinste Streifen geschnittenen, weichgekochten und pikant gewürzten Bierführerhandschuh serviert hatte.

Droben in Grünwald, hinter dem bekannten »Brücken-wirt«, lebte eine Zeitlang als erster Münchener »Kohlra-bi-Apostel« der hochbegabte Maler Dieffenbach. Er trug stets wallendes Christushaar und einen ebensolchen Bart und eine aus Malerleinwand selbstgenähte sackartige Kutte. Seine Hauptnahrung bestand aus Kohlrabi, Dotschen und Meerrettich. Auch seine Kinder erzog er streng vegetarisch und härtete sie etwas brutal ab, indem er sie nachts zum Schlafen in zwei Säcken vor das Fenster hing. Er soll 1910 auf der Insel Capri aus Heimweh nach seinem geliebten Isar-Athen gestorben sein.

Wie der »Wurzel-Sepp« in Wirklichkeit hieß, hat niemand erfahren. Aber seine Erscheinung mit dem ungeheuren Rübezahlhut, der Aufmachung als gelernter Waldschrat, ist den alten Münchnern heute noch bestens in Erinnerung. Er war ein saugrobes Mannsbild und ebenso schlagfertig wie schmutzig. Und als er einmal auf dem Oktoberfest seine Essenzen verkaufte und eine Gnädige meinte, er solle vielleicht vorher die Gläser auswaschen, schrie der erzürnte Medico: »Wos, ausschwoab'n aa no. Bei mir is ois echt, aber Sie, moanat i, g'hörten ausg'schwoabt.« Und er nahm einen großen Kübel voll Wasser und stülpte ihn der kreischenden Dame über den Kopf.

Vom selbstherrlichen Xaver Krenkl ist vor allem sein respektloser Ausspruch: »Wer ko, der ko« in den bayerischen Breitengraden ein geflügeltes Wort geworden. Krenkl war ein Pferdehändler, fuhr aber ebenso sechsspännig wie der Kini. Und als er diesen einmal im Englischen Garten überholte, was verboten war, und ihm der Monarch warnend mit dem Finger drohte, rief er dem König den bekanntgewordenen Slogan zu: »Ja mei, Majestät, wer ko, der ko.«

13

Der »Hofbräuhaus-Lenbach« und das »Tauben-Muad-derl« waren einige der wenigen »Spinner«, welche die braune Götterdämmerung überlebten. Denn damals verschwanden die »nichtsnutzigen Eigenbrötler« rasch in irgendwelchen Anstalten und Heimen. Der »Hofbräuhaus-Lenbach«, ein eigenwilliger, durch eine Enttäuschung völlig heruntergekommener Künstler, von dessen gewandtem Zeichenstift auch Josefine Baker und der Zeitungskönig Hearst porträtiert wurden, fristete sein Leben vom »Noagerl«-Bier im »Hofbräuhaus« und starb kurz nach dem Einmarsch der Amerikaner eines natürlichen Todes. In seinem Marschgepäck, das er immer mit sich führte, fand man dann allerdings einen wertlos gewordenen, sehr stattlichen Geldbetrag.

14

Das »Tauben-Muadderl«, das jahrzehntelang zum Münchner Stadtbild – besonders vor den Kirchen und auf dem Odeonsplatz gehörte, lockte ihre gefiederten Kostgänger mit dem schrillen Ruf: »Deiwi, Deiwi, Deiwi«, streute dann ihre magere Pension, die sie in Gerstenkörndl verwandelte, ihren Lieblingen auf und konnte entsetzlich ausfallend werden, wenn man sie dabei störte. Ihr einziger Wunsch, daß nach ihrem Ableben auf ihrer Grabstätte eine Futterstelle für Tauben errichtet würde, wurde ihr zwar erfüllt, doch es kamen nie irgendwelche Vögel an die Ruhestätte, auch keine Tierfreunde, sondern gar niemand. Ein kleines, hübsches Standbild in einer Münchner Passage erinnert aber noch an das verhutzelte Muadderl.

»Sag mir wo die Käuze sind, wo sind sie geblieben«, könnte man heute bei der Aufstellung dieser Chronik, die noch lange nicht vollständig ist, fragen. In den letzten Jahren waren es hauptsächlich der Mann mit dem Kettenhund, der zu den ausgefallenen Figuren im Großstadtgebrodel gehörte. Er führte einen Schnauzer, der ihm selber zum Verwechseln ähnlich sah, an einer langen Eisenkette spazieren. Und alle Leute machten gerne einen kleinen Umweg, wenn das seltsame Gespann aufkreuzte. Dann starb der Hund, und der Mann zog eine Zeitlang die leere Kette hinter sich her, bis er selbst auch irgendwo in Sankt Nimmerlein verschwand.

Der »Mundharmonika-Professor« dagegen sitzt noch hin und wieder unter einem der Stadttore, bläst auf einem völlig verstimmten »Fotzhobel« die Serenade in »einer Dur« oder irgendeine unvollendete Semmelbrösel-Ouvertüre und verkauft Postkarten.

Die »Enten-Marie«, ein 80jähriges Frauerl, das in einem alten Kinderwagen wohl schon den zehnten, nicht besonders sauberen Kirchweihvogel vor sich herschob,

wurde sogar vom Fernsehen entdeckt. Und der Stimmen-
imitator Franzl, der als Zeitungsverkäufer durch die Lokale pilgert, gibt auf Wunsch und für ein bißchen Handgeld
das Abfahren eines Zuges, ein Requiem auf Hitlers
Reichsparteitage oder das Heulen der Düsenriesen zum
besten.

DIE ENTEN MARIE

Seit einiger Zeit geht leider das »Zitter-Mandl« in der
Innenstadt ab. Meistens war dieser freundliche alte Spitaler mit den großen Schaukelpferdaugen und einem phan-
tasievollen Scheitelschoner in der Wein- und Dienerstraße
zu sehen. Zum Zurücklegen seines Tageszieles von der
Hauptpost bis zum Kaufhaus »Beck« benötigte er mit
winzigen Liliputanerschritten etwa vier Stunden. Dabei
zitterte er ebenso hilflos wie gekonnt vor sich hin. Das
»Zitter-Mandl« bettelte aber nicht, sondern nahm nur

Geschenke an. Seine Sackltasche stand immer weit weg und war Tag und Nacht geöffnet wie das Isartor. Woher er kam, wohin er ging, niemand wußte es so genau. Viele Passanten und Gönner, die den »Schnellzug«, wie ihn auch manche nannten, liebgewonnen haben, befürchten wohl zu Recht auch, er hätte schon länger still und heimlich ausgezittert.

Stadt an der Yser

»Die Zeit vergeht – sie kennt es nicht anders«, sagen die Satiriker. Und die Lyriker reimen: »Eins, zwei, drei im Sauseschritt, eilt die Zeit, wir eilen mit.« Auch die Schlagerdichter und Komponisten beschäftigen sich eifrig mit ihr. »Schön war die Zeit, die ich mit dir verbracht«, verkünden sie wehmutsvoll und »Kinder, wie die Zeit vergeht«. Besonders ausführlich wird auch die längst vergangene Jugendzeit besungen. Am häufigsten aber zitieren manche Menschen die gute alte Zeit. Diese ist manchmal, gerahmt und hinter Glas, auch in der Wanderausstellung »München im Wandel der Jahrhunderte« zu besichtigen.

»Diese Stadt ist in eim wunsamen Ort an der Yser gepawt«, berichtet auf einem leberkranken Pergament ein mittelalterlicher Geschichtsschreiber dem Kaiser Ludwig. Und daneben hängen die ersten Zeichnungen, Skizzen und Kupferstiche dieser Stadt, als sie noch Kniehosen trug und barfuß auf staubigen Salzstraßen heranwuchs. Aber schon kitzelt der Alte Peter mit spitzem Turmfinger den weiß-blauen Himmel. Der seine Wolkenbacken bläht, als ob er gleich niesen müßte. Und auch der Alte Hof, in dem seinerzeit schon alle Steuern verschwanden, reißt sein gefräßiges Tormaul auf. Draußen an der wilden Yser, in Richtung Volksbad etwa, lauert ein raubender Ritter in blitzendem Kruppstahlkammgarn. Er schwingt bedrohlich seinen meterlangen Büchsenöffner, fest entschlossen, damit die Wanstkonserven der nahenden Kaufleute gewaltsam aufzubrechen.

Hundert Jahre später hat München schon eine Stadtmauer, Türme und Zugbrücke. Händlerinnen bieten fleißig die Produkte der nahen Provinz feil, die in strahlendem Schweinfurter Grün direkt hinter der Pettenkoferstraße beginnt. Diese Marktfrauen sind schon genau so vermummt wie die heutigen Selleriewalküren. Wahrscheinlich kamen sie schon so zur Welt. Wie sehr sich aber die Zeiten seit dieser Zeit geändert haben, sieht man auf der Darstellung eines Fischers, der zappelnde armlange Ungeheuer aus dem wogenden Glockenbach zieht. Der Text zu diesem Wunder ist allerdings lateinisch. Daher wohl der Name Fischerlatein. Die Yser selbst kommt aus dem Oberland und ist kurvig wie die Claudia Cardinale. Sie frägt sich in vielen Windungen durch München hindurch: »Sie bittscheen, wo geht's denn da nach Freising?« Bei der Mariahilfskirche jedoch wird ihr bereits ein Korsett aus Faschinen angemessen.

Später nimmt die Stadt hinter Glas allmählich ihren Lauf. Aber immer ist es noch ein stiller und beschaulicher Ort. Da schlängelt sich bereits die Sendlinger Straße durch die tuschelnden Häuser. Dieser Pfad schaut aus wie der Heimgang eines betrunkenen Bauers von Sentlinga, der im Gasthof vom »Koch in der Höll« eine fette Sau verkauft hat. Auf halber Strecke muß er sich wohl ein wenig hingelegt haben, und so entstand dann der spätere Goetheplatz. Schon damals aber spielte sich am Stadtgraben, dort wo man etwa heute den Unteranger schreibt, ein liederliches Treiben ab. Im Vordergrund hat ein Wachsoldat umständehalber sein Bajonettgewehr vor sich in den

Boden gepflanzt, weil er gerade beidhändig eine diskrete Geländeerkundung bei einer drallen Bürgerstochter vornimmt. Und mit drei Schritt Abstand und Zwischenraum tändelt auch noch der Hauptmann dieses Gemeinen, den außer einem niedlichen Bäuchlein nichts auszeichnet, mit barocken Früchten.

Mit der Erfindung des Kupfer- und Steindrucks gewinnt auch die darstellerische Ausdruckskraft. Auf den ersten Stadtplänen Münchens erkennt der Beschauer ganz deutlich die Maxburg, die damals im Volk noch nicht Murxburg hieß. In der Nähe betrieb ein Kurfürst eine Marmorsäge mit solcher graphischer Deutlichkeit, daß man es heute noch kreischen hört. Auf einem anderen Bild wird gerade ein Reiter von seinem Pferd abgeworfen, daß es ihn von dem versteinerten Semmelknödelpflaster wieder hochprellt. Eine meckernde Eisenbahnerkuh kreuzt zusammen mit der tiefen Abspülwasserrinne vom Gasthof »Goldener Storch« die Straße erster Ordnung. Aber in den schmalen Gassen ist schon Spitzwegs Liebe unterwegs. Vom Mansardenfenster des Studiosus Maurice Vorschuß baumelt eine rosarote Einladung zur Minne der lächelnden Jungfrau Züchterlich vor das freudig schnuppernde Näschen. Und die kreuzbrave Biedermeier-Schwiegermutter nadelt schon verschmitzt an den Windeln herum.

Um das 19. Jahrhundert herum wird die Vergangenheit auch in München etwas unruhig. Ein Bierkrawall findet statt, der den damaligen Verbrauchern nicht das beste Zeugnis ausstellt. Bravo, die hohe Obrigkeit, die Herren Offiziere und Akademiker prügeln auch fleißig mit und ziehen sich mit Stuhlbeinen gegenseitig den Scheitel nach. Feine Zeiten das. Und dort das Ende des bayerischen Hiasl. Einhundertzwanzig Mann im Anschlag liegend, kniend und stehend wurden aufgeboten, um den Halodri zu besiegen, was schließlich in längeren Comic-Strips auch gelang. Andererseits zeigt ein weiterer Stich, wie Kurfürst Max IV. ganz allein des Nachts durch München fährt. Ohne Blaulicht und Sirene.

Nicht zu übersehen auch das Geschichtliche. Zum Beispiel Zar Nikolaus bei der stolzen Parade auf dem Marsfeld, als er beinahe über einen freudig winselnden Hund gefallen wäre. Oder das Vierfarbendokument, das den bayerischen Leutnant Kieffer von den Leibern zeigt. Etwas vergrämt eine preußische Kanone erbeutend. Und dann zum Schluß die Generalstabspläne des Münchner Appetits. Alte Speisekarten von den großen Bräus. Immer dicht umringt von Schmankerlpatriarchen und kopfschüttelnden Nachwuchsbrotzeitern. »Bierkäserl pro Stück 6 Pfennig. Und Portion Voressen 10 Pfennig. Und Suppe leer 3 Pfennig und ein Springerl 10 Pfennig und Faßbier die Halbe 13 Pfennig.« Halt, da steht ja gar noch das Datum: Peter und Paul, den 29. Juni 1914.

's Indianer-Schpuin

Draußen vor der Stadt, wo der kleine Fluß drei Kniebeugen macht, um über das eingebaute Gefälle hinabzusteigen, teilten sich die Sträucher. Und heraus trat niemand anderer als der »rote Napoleon« Winnetou, der Bronzeprinz vom Rio Grande. Er beschattete sein kühnes Adlerauge mit dunkelweißer Bubenhand, und dann fuhr ihm ein zweifaches »Uff, uff« durch die vordere Milchzahnlücke. Nun gab er mit der Linken, in der ein scharf geschliffener Stanniolpapier-Tomahawk glitzerte, ein Zeichen nach hinten, und dann teilten sich die Weidenzweige noch einmal.

Fünf junge Krieger vom Stamme der Apachen standen jetzt im gelben Licht der milde lächelnden Sonne. Es waren dies der Kundschafter »Gummikopf«, Pfadfinder »Schräger Blick«, der gefürchtete Messerwerfer »Schartiger Dolch«, der Büffeltöter »Sitting Bull« und der Unterhäuptling »Hemadex«. Dieser war es auch, der sich die Kriegsnamen für die allerletzten Mohikaner ausgedacht hatte. Sein eigener stammte übrigens von der Aufschrift einer amerikanischen Supermarktkonserve und hieß in Schriftdeutsch eigentlich »Ham and Eggs«. Seine große Schwester, die mit einem Bleichgesichtsergeanten ging, hatte ihm das übersetzt.

Die Ausrüstung des minderjährigen Apachenstoßtrupps war sehr unterschiedlich. Winnetou besaß eine Original-Silberbüchse, die mit Brunnenwasser scharf geladen war. Auf dem Kopf trug er einen echten Chinesenskalp aus dem Faschingsfundus seiner Cousine Susilo, und auf den Kaufhof-Mokassins stand der stark indianisch klingende Name »Adidas«. Am schlechtesten dagegen war »Gummikopf« bedient. Er hatte nur den ehrwürdigen Rand eines alten Hochzeitshutes auf dem kurzhaarigen Haupt. Und dieser schwarze Siriusring war ringsherum mit den Glasperlenfransen einer längst erloschenen Küchenlampe reich verziert, so daß der junge Präriekriminaler leider bloß drei Meter weit sehen konnte.

Pfadfinder »Schräger Blick« wiederum hatte irgendwo den roten Schutzhelm eines Bauarbeiters erbeutet und ihn mit zwei langen Fasanenfedern geschmückt, wie sie eigentlich sonst nur noch Karnevalsprinzen auf ihren Kappen tragen. Als Waffe führte er ein geklautes Tafelmesser von der Ausflugsgaststätte »Waldfrieden« mit sich. »Sitting Bull«, der Sohn des Fliesenlegers Siebenschuh dagegen, besaß eine komplette Ausrüstung aus künstlichem Gazellenleder, die mindestens an die zweihundert Mark gekostet hatte.

Am schillerndsten jedoch war »Schartiger Dolch« ausstaffiert. Beim Angriff trug er dem Stamm eine kleine bleiche Hand auf dünnem Stiel voran, die er irgendwo auf dem Speicher gefunden hatte und mit der sich vielleicht vor hundert Jahren seine Urgroßmutter verstohlen hinterrücks gekratzt haben mochte. An seinem Hals aber baumelte ein Schild, und das hatte er auf dem Abfallhaufen des Grabbildhauers Schlegel gefunden. Es trug die lakonische Aufschrift: »Scheiden tut weh.«

Häuptling Winnetou ergriff nun das Wort. Er sagte: »Uff, uff, meine roten Brüder. Seht ihr da drüben, wo sich die Straße des Feuerrosses tief in unsere Prärie erstreckt, das kleine Wellblechzelt des Bahnwärters Schießl? Dieses Bleichgesicht hat unser Land gestohlen. Wir werden ihn deshalb fesseln, knebeln und nackt in einen Ameisenhaufen setzen. Ich habe gesprochen, howgh.«

Aber da machte der »Gummikopf« schüchtern darauf aufmerksam, daß ihnen doch gerade der Herr Schießl vier alte Karl-May-Bände geschenkt hatte. Und so kam nach längerem Kriegsrat der brave Schrankenwärter noch einmal davon. Allerdings wurde noch beschlossen, daß der Unterhäuptling »Hemadex« mindestens die Luft aus seinem eisernen Mustang, der hinter dem Bahnwärterhäuschen lehnte, herauslassen mußte. Er tat es gar nicht gerne, schraubte aber dann doch das Ventil auf, so daß das Gesetz der Prärie erfüllt wurde und das Hinterradl des Mopeds mit seufzendem Zischen seinen Atem aufgab.

Später entdeckten sie noch einen großen Haselnußstrauch. Und da schnitten sie sich mit dem Brotzeitschwert vom »Waldfrieden« die schönsten Lanzen heraus. Langsam neigte sich indes die Sonne dem Wilden Westen zu, und da sagte der Bison-Killer »Sitting Bull« zum Winnetou: »Großer Häuptling, laß uns aufbrechen, denn es ist Zeit. Die Mama hat nämlich gesagt, ich soll einen großen Hafen mit Kartoffeln auf das Gas, wollt sagen, aufs Lagerfeuer stellen, bis sie heimkommt.«

Der edle Gentleman vom Mississippi jedoch lächelte nur verächtlich und erwiderte: »Feige Memme, deine Mama soll doch die Erdäpfel selber sieden. Sie ist doch bloß eine Squaw.« Ganz leise protestierte der »Sitzende Stier« noch: »Aber ich bin halt ein Schlüsselkind.« Und dann nahm er den Heimweg rasch unter seine Apachenbeine und hoppelte im Dauerlauf der nahen City zu.

Kurz vor dem großen vierstöckigen Wigwam, in dem er wohnte, schleuderte er dann seine Haselnußgerte in den nahen Mietgarten. Denn die Zeit war längst überschritten, und die erzürnte Mutter schreckte manchmal selbst vor einem Büffeljäger nicht zurück, wenn dieser spät nach Hause kam.

Zwar beherrschte der keuchende Läufer selbstverständlich das alte Sprichwort aller Lederstrümpfe: »Ein echter Indianer kennt keinen Schmerz.« Aber er wußte auch noch ein anderes selbstgemachtes. Und das hieß: »Nur die allerdümmsten Buben – bringen Stöcke auf die Stuben.«

»Uff, uff. Und nun sind auch diese allerletzten Sendlinger Mohikaner in die ewigen Jagdgründe der kalten Sachlichkeit eingegangen. Howgh.«

Sandkistenzeit

»Vorbei sind die Kinderspiele
und alles rollt vorbei.
Das Geld und die Welt und die Zeiten
und Glaube und Lieb und Treu.«
(Heinrich Heine)

Eigentlich hatte der betagte Tritschler nur ganz unbeab-
sichtigt mit dem Hacklstecken an die alte graue Sandkiste
geklopft. Aber klang da nicht eine dünne Kinderstimme
in seine Schlappohren und irgend jemand rief ganz leise:
»Herein«? Nun, da hat dann der Graubart den Schritt,
der zwar nahezu sechzig Jahre lang war, für den er aber
nur eine winzige Sekunde brauchte, wieder einmal getan.
Und schon war er mitten drin in der längst versunkenen
Daumenlutscherwelt. Denn damals, als die jungen As-
phalttrapper noch scheppernde Radlfelgen übers früh-
warme Pflaster trieben, als sie sich die frisch gefallenen
Ahornpropeller auf die Nasen klebten und »Fahre, fahre
Zug« auf dem Randsteingleis machten, gehörte auch die
Sandkiste zu ihrem lächerlichen Spielzeug.

Ein paar Wochen standen sie meistens leer, bis der rauhe Rutschbahngrieß zum Aufstreuen der Trottoirs und des
Kopfsteinpflasters eingefüllt wurde.

26

Doch gerade in diesen fröstelnden Tagen hatten die Sandkisten einen besonders großen Gebrauchswert für die letzten Apachen. Denn dann versammelten sich die minderjährigen Rothäute in dem hölzernen Wigwam. Mit zerlesenen Indianerheftchen und winzigen Fäusten, die

energisch nach dem Wilden Westen drohten, schworen sie, demnächst unbedingt nach dem Mississippi aufzubrechen, um die feigen Komantschen endlich bis auf den letzten Skalp auszurotten. Uff! Eigentlich hätte das längst geschehen sollen, aber die Expedition scheiterte immer wieder an der Transportfrage. Doch mit dem neuen Radlrutsch vom Heiß-Gagi und den Rollschuhen, die das Christkindl dem

Blei-Biwi bringen wollte, würden sie es jetzt sicher in mehreren Etappen schaffen.

Auch zum Anschlagen beim »Vaschteckerl« war die Sandkistennordwand wie geschaffen. Oder zum Verkünden wichtiger Erkenntnisse oder Nachrichten. So stand dann, mit einem dicken Kalkbrocken mühselig geschrieben, bis ins Frühjahr dort zu lesen: »Spinnt da Bebbi«, oder der rätselhafte Kriegsruf »Alla Hugh«. War dann die lange Stiegenhaussaison, während der sich das Highlife der vereinigten Hinterhauszwerge hauptsächlich in den Treppenhäusern abspielte, wieder vorbei, dann waren die Sandkisten auch meistens restlos leer.

Mit dem ersten Gänseblümchen und den schlagbaren Brennesseln, die auf dem mageren Grünstreifen ins Kraut schossen, wurde deshalb öfters das beliebte »Vater-und-Mutter-Spiel« in den dämmrigen Bretterbungalows veranstaltet. Der alte Träumer erinnert sich noch ganz genau, wie ihn die kleine Susi dabei immer schwer kritisierte, wenn etwas nicht so geschah, wie es bei ihr zu Hause auch vor sich ging. So mußte er am Zahltag seine Lohntüte, die aus gefaltetem Zeitungspapier mit Kieselsteininhalt bestand, brav vor sie hinlegen und dazu sagen: »Schau nur nach, Weibi, ich hab's wirklich noch nicht aufgemacht.« Und die Susi zählte das Geld genau nach und sagte dann mit scherzhaftem Milchzahngezischel: »Zum Leben zu wenig und zum Sterben zu viel.« Genauso, wie es daheim auch immer hieß. Schließlich rief die Liliputhausfrau nach einiger Zeit laut und energisch »zum Essen«, wie es ihre eigene Mama ebenfalls tat, wenn der Papa im nahen Heimgarten herumkrauterte.

Als der schmunzelnde Tritschler an diesem Punkt seiner stillen Träumerei angelangt ist, durchfährt es ihn plötzlich siedend heiß. Er schaut auf die Uhr und murmelt dann ein halblaues erschrecktes »Saxndi« vor sich hin. Denn beinahe hätte er vergessen, daß es die Sandkistensusi ja immer noch gab. Weil er sie nämlich später geheiratet hatte. Und daß die Susanne immer noch recht ungemütlich werden konnte, wenn er nicht pünktlich zum Abendessen daheim war.

Der strapazierte Oachkatzlschwoaf

So wie sich ganz unmerklich, aber beharrlich viele neue Begriffsbestimmungen und Ausdrücke in unser weiß-blaues Esperanto eingeschlichen haben, so sind im gleichen Maße viele andere Worte und Bezeichnungen aus dem bayerischen Sprachschatz verschwunden. Jedes Marktweiberl kennt beispielsweise heute viele der geläufigsten Neuzugänge wie »Party«, »o. k.«, »Society« und »Shopping«. Und es weiß auch ganz genau, was ein »Zahn« ist, ein »Twen«, ein »Teenager« oder ein »Doping«. Ebenso wie es »Camping«, »gammeln« und einen »Beatle« übersetzen kann.

Wer aber erinnert sich noch an das umfangreiche Kauderwelschalphabet, das den alten Münchnern bei einigem Nachdenken sicher wieder in Erinnerung kommt und gewiß auch ein kleines Schmunzeln auslösen wird? Ganz fanatische Eingeborene allerdings werden nachdenklich mit den Köpfen pendeln wie die Perpendikel von alten Nußbaumregulatoren und sogar mit kleiner Wehmut sagen: »Aus-äpfi-amen und vorbei, jetzt schtirbt oiso der schöne Münchner Dialekt tatsächlich aus.«

Beginnen wir mit unserer kleinen Reise in die sprachliche Vergangenheit ordnungsgemäß mit dem Buchstaben A.

A wie »arschlings«, was soviel wie rückwärts bedeutet.
»Arwat'n« ist nichts anderes als einem »Tschop« nachge-
hen, während »oisdann« genau dasselbe bedeutet wie
etwa das norddeutsche »na denn«.

Ein »Bankert« ist ein kleines Kind von zweifelhafter
Herkunft, das der Vorstellung nach auf einer Anlagen-
bank beim Storch in Auftrag gegeben wurde. Daß ein
»Banzn« ein Bierfaß ist, die »Bappn« eine traurige Miene,
der »Bazi« ein Spitzbub, die »Bisguhrn« ein böses altes
Weib, die »Bluatsauerei« eine Schweinerei, eine »Blunsn«
eine Blutwurst und ein »Botscherl« ein unbeholfenes, aber
liebes Frauenzimmer, wird da und dort noch bekannt sein.

Schwieriger wird es schon bei den Bezeichnungen
»drend und herend«, womit drüben und herüben gemeint
ist. »Daloawet« heißt erschöpft, »dantschi« ist ein mit
bäuerlichem Sex-Appeal ausgestattetes »Botscherl«, der
»Datschi« ist ein Zwetschgenkuchen und hierzulande
bestens beliebt, »dengascht« heißt die Bekräftigungsfor-
mel, die soviel wie sicher oder gewiß besagt, und das
»Dengeln« ist das Schärfen einer Sense. »Diam« heißt
manchmal, als »Ditschi« bezeichnet man einen alten Hut.
Der »Doagaff« wird von einem schlappen Mannsbild
abgeleitet, der »Dotschn« von einer Rübe oder einem
plumpen Weibsbild. »Dramhapperd« bedeutet traumbe-
fangen, und ein »Dritschler« ist einer, dem nichts von der
Hand geht.

Wenn jemand »etwa« meint, kann er in München auch
»ebba« sagen und statt bevor »ehnda«. »Eiawekl« macht
der Bäcker aus einem Milchteig. »Edla« gilt für einige und
»ewe« heißt soviel wie ewig. Der »Foam« ist der Schaum
auf dem Bier, ein »Flitscherl« ein leichtes städtisches Mädchen, das man, wenn es ländlicher Herkunft ist, auch
»Flugga« nennt. »Flagga« dagegen heißt liegen, und die
»Froasn« ist eine fiebrige Krankheit.

31

Beschwört man den Teufel, so kann man auch »Gankerl« sagen. Ein unschönes Gesicht wird ein »Gfries« geschimpft, ein kleiner Gaudibursch ist als »Gischpi« bekannt, wogegen ein ungehobeltes Mannsbild ein »Gloiffi« ist und bleibt. »Gokolori« sagt man zu einem harmlosen Luftikus, »Grampfen« zum Stehlen, »Graffi« zu altem Gerümpel, »Grampfhenna« zu einer unglaubwürdigen Person, »Gschleaf« zu einem schlampigen Weiberleut, »Gschoos« wird ein fahriges Mädchen gerufen, das »Gschpusi« ist die angehende Braut, und ein »Gsoichts« ist ein Rauchfleisch, spaßeshalber auch manchmal »Kaminkäse« geheißen.

Unter H registriert man den »Hadalump«, was ein Schimpfwort ist, den »Huisnblasi«, die lustige Bezeichnung für einen unbeholfenen Mann, den »Hoagartn«, eine bäuerliche Kaminparty, und den »hundsheitan Bazi«, die Titulierung für einen ganz besonders gerissenen Kerl. »Iglanghi« kommt nicht aus dem Chinesischen, sondern heißt ganz simpel »Ich lange hin«, ebenso wie »Imoandoschoa« nicht die Anrufung einer aztekischen Gottheit sein soll, sondern »Ich meine doch schon auch« bedeutet.

Das »Kammerfensterln« wird nach der Vorstellung vieler Flachlandtiroler als bayerischer Nationalsport bei preußischen Dirndln nächtlicherweise fleißig ausgeübt. »Kaiwistrick« sagt man zu dem Strick, mit dem ein Kälbchen angebunden ist, der »Kasloab« nennt sich auch »Laibkäs«. »Kiwig« heißt frech, der »Kumpf« ist eine große Nase und der »Kletznsepperl« ein gedörrter Birnenjosef, also ein verhutzeltes Männchen, das aus Dörrobst nachgebildet wurde.

Will man einen Pantoffelhelden hierzulande besonders charakterisieren, so schimpft man ihn einen »Laddirl«. Ein »Linsendipfi« verkörpert ebenfalls einen männlichen, nicht ernst zu nehmenden »Schpringgingerl«, wogegen ein

»Loamsiada« ein langweiliger Mensch ist. »Da Loabi-
doag« ebenso wie »da Oachkatzlschwoaf« ist wohl das
Lieblingswort aller, die sich mit dem bayerischen Dialekt
auseinandersetzen wollen. Manchmal klingt er aus dem
Munde eines »Andersgläubigen« geradezu wie eine Hals-
krankheit. Ins Schriftdeutsche übersetzt, heißen die beiden
Wörter Sauerteig und Eichkaterschweif. »Lobhudler« sagt
man zum Schmeichler. »Luder« zu zweifelhaften Weiber-
personen und »Luser« zu den »Ohrwaschln«.

Unter dem Buchstaben M wären aufzuführen der
»Malefizbazi«, ein Halunke, »Mariandjosef«, ein häufig
gebrauchter Ausruf der Überraschung, die »Maz«, ein
Schimpfname für eine Weibsperson, »Moin«, das weiche
Innere des Brotes, und der »Muhakl« ein ungeschlachtes
Mannsbild. »Neamd« bedeutet niemand, »nindascht« nir-
gends und »Notnikl« Hungerleider. Unter »oisamzam«
sind alle miteinander gemeint. »Ozapfa« tut einer, der ein
Bierfaß anstich, was unser seliger Oberbürgermeister
Thomas Wimmer »oiwei«, also immer tat.

»Pfiade God Pfundhammi pfundiga« ist keine empfeh-
lenswerte Sprachübung für Leute mit den dritten Zähnen.
Es bedeutet übersetzt etwa »Behüt dich Gott, Saubär,
sympathischer«. »Plempl« hieß bei den alten Bierdimpfln
das schlechte Bier. Zur Zunge wird auch heute noch gerne
»Pleschl« gesagt. Der »Protz« kommt vom Angeber, das
»Potschamperl« aus dem Französischen und heißt Nacht-
topf.

»Quadratratschn« sind bedeutende Klatschbasen, das
»Quartel« ein sogenanntes kleines Bier, das man in München lieber nicht bestellen soll, und das »Quax« ein
Gewächs. »Ramma damma« war das Schlagwort bei der
großen Schuttaktion nach dem Kriege und heißt übersetzt
»Räumen tun wir«. Überhastet jemand etwas, so sagt man
von ihm, er tut »rampfa«. Einen Rüpel nennt man »Ria-

pi«, und ein »Twen« hieß früher ganz einfach »Rotz-
leffe«. »Saklzement« sagen die frommen Leute in Bayern,
wenn sie fluchen wollen. Diese braven Menschen tragen
auch noch gerne einen »Schawa«, was eine Arbeitsschürze
ist. »Schparifankerl« heißt der Beelzebub und »Schnepfa«
das horizontale Großstadtmädchen.

»Trutscherl« läßt sich jedes bayerische Mädchen als
Kosewort gerne gefallen. Weniger gerne hört sie dagegen
das Wort »Tschumpe«, das für ein unordentliches Weib
gilt, oder den »Trampl«, ein unbeholfenes Geschöpf.
»Vuizvuigfui« ist wiederum ein Ausdruck, der mit Vor-
sicht verwendet werden soll, wenn das »Porzellanklavier«
zu locker im Munde sitzt. Wenige kennen noch den
»Woadling«, ein irdenes Milchgefäß. Wogegen die
»Watschn« ein absoluter Begriff ist, während der »Woipa-
tinger«, den vornehmlich die Flachlandtiroler nachts mit
einem Sack und einer Kerze fangen wollen, ein bayerisches
Fabeltier darstellt.

Zum Abschluß dieses Alphabets wäre noch »zeam« =
gemütlich, »Ziweb'n« = Rosinen, »zoin« = zahlen,
»Zoitn« = Tolpatsch sowie das »Zuzzeln«, die einheimi-
sche Art des Weißwurstverzehrs, der »Zuaweziaga« oder
das Fernglas und zu guter Letzt der »Zuagroaste«, also
der Nichtbayer zu nennen.

Auf der grünen Wiese

Sie hieß Postwiese oder Schäferwiese, oder der Baronanger. Bei den Eltern und Kindern der angrenzenden Wohnmaschine jedoch hieß sie einfach »d' Wies'n«. Glücklich jene zinspflichtigen Hintersassen, die noch so ein kleines Freizeitparadies in ihrer Nähe wußten. Denn was dem wilden Cowboy die vielbesungene Prärie bedeutete, war für den jungen Randsteinläufer und den Mastdackel Bürschi der schäbige Rasenteppich irgendwo zwischen den Mietskasernen.

Auf der einen Seite wurde die Wies'n meistens von einem Geländer begrenzt, auf dem hoffnungsvolle Seiltänzer ihre ersten Schritte ins Zirkusleben machten und sommersprossige Trapezfannerl gekonnte Bauchaufschwünge übten, wobei ihnen die Bimbamzöpfe in die aufkeimenden Brennesseln hingen. Auf der anderen Seite der Parzelle fuhr gewöhnlich die Straßenbahn vorüber. Hinten war die Miniaturpampa von einem Lagerplatz eingezäunt, und linkseitig befand sich die Heimgartenkolonie. Dort suchten im jungen Frühling brave Mamakinder auch ein paar verschüchterte Anemonen oder hängeköpfige Veilchen, die sie dann fleißig pflückten und in feuchtwarmen Händen der guten Mutter unter die freudig errötende Nase stießen. Grüne Glasscherben, zerfressene Konservendosen und die Erinnerungsspuren vieler »Brav-brav«-Hündchen gab es in diesem Winkel aber auch. Sowie den gut gedüngten, kerngesunden jungen Löwenzahn, den der alte Herr Eisenreich eigenhändig sammelte und als köstliches, ungemein eisenhaltiges Gemüse seinen betagten Innereien zuführte. Daher wohl auch sein schöner Name.

Die Mitte der Oase war stark abgetreten, denn dort hauste das ballwütige Volk der Kicker. Alle Sorten von gängigen »Nudeln« wurden hier seit Generationen getreten, gegabelt, geschlenzt oder mit einem wuchtigen Bauernspitz auf Touren gebracht. Die dunkle Erde war hier weitaus am saftigsten, denn sie wurde ja auch laufend mit chemisch reinem Bubenschweiß gedüngt.

Manchmal allerdings wurde ein ungemein wichtiges Trainingsspiel oder Match durch eine wandernde Schafherde unterbrochen, obwohl die wolligen Partisanen doch schnell erkennen mußten, daß auf einem solchen Fußballplatz gewöhnlich nicht mehr Gras wächst als Haare auf einem Nußbaumnachtkastl. Früher, als die Kapuzinerkistl noch große Mode auf den nahen Balkonen der Nachbarschaft waren, sah man auch einzelne Buben, schamrot vor Verlegenheit, mit Schäuferl und Beserl hinter diesen Asphaltlämmern einherschleichen, um den anfallenden Dung für die häuslichen Alkovenorchideen zu ergattern.

Im linken Winkel hinten, wo die kleine, unvermeidliche Abfallgrube war, moderte noch öfter eine alte Matratze vor sich hin und träumte von den Tagen, in denen sie von Lust oder Leid tief bewegt wurde. Die paar Steinbrocken in ihrer Umgebung indes wurden immer wieder von einem gläubigen Petrijünger vorsichtig gelupft. Denn unter ihnen befand sich ein Grüppchen leckerer weißer Maden oder gar ein paar aufgeschreckte Regenwürmer, die von den Silberfischlein im nahen Flüßchen angeblich heiß begehrt waren. Bei wohlgesonnenem Wetter tummelten sich auf der Wies'n zwischen 267 und 269 Kinder aller Tauglichkeits- und Verwahrlosungsgrade.

Winzige Sepperl lernten mit zunehmender Verfärbung ihrer winzigen Köpfchen den Purzelbaum. Kleine, straff gescheitelte Mädchen sangen das seltsame Ringelreihenlied: »Dreimal muß ich rummarschieren, 's vierte Mal den Kopf verlieren.« Andere bauten aus verwaschenen Kieselsteinen flache Häuschen und Zimmer, die ihnen die garstigen Schüler der gemischten Klasse 3c dann hohnlachend wieder zerstörten. Die Hunde sausten dazwischen im Kreis herum, weil sie nicht glauben wollten, daß es ihnen trotz rasender Geschwindigkeit nicht gelang, sich in den eigenen Schwanz zu beißen.

Dort, wo der Bewuchs am saftigsten war, suchte fast einen ganzen Sommer lang die niederbayerische Küchenhilfe Berta nach einem vierblättrigen Kleeblatt. Denn hätte sie eins gefunden, wäre der Michel wieder zu ihr zurückgekehrt. Glaubte sie.

An manchen Sommertagen kamen wohl auch einige Rentner mit selbstgegossenen Bleiplatten und rostigen Zahnrädern der entsprechenden Größe zum »Plattschgen«, dem bayerischen Boccia. Und noch später erschien die Nini auf dem Plan und pflückte sich am sanften Hang eine Margerite, um das uralte Orakelspiel zu treiben: »Er liebt mich von Herzen, mit Schmerzen.« Als sie aber einen anderen Text unterlegte und die weiße Bahndammrose eindringlich befragte: »Kommt er, oder kommt er nicht?«, hatte das Blümchen zum kleinen Glück der kleinen Nini leider ein Blatt zu wenig. Ach ja, sie wußte es schon. Sie hatte wohl ihrem neuen Geliebten gestern abend doch zuviel Vorschuß gegeben auf die große Seligkeit. Im »Hotel zur Grünen Wiese«. Das dann plötzlich ohne jedes Gefühl von der fortschrittlichen Städteplanung durch ein vierzehnstöckiges Verwaltungsgebäude ersetzt wurde.

Der Weg ins Leben

»Abc-Schütz, gehst in d' Schul und lernst nix«, schrie die
achtjährige Silberstreit Susi ihrem kleinen Bruder Michael
nach, als er mit seinem ledernen Weisheitstornister zum
ersten Male den Schulweg antrat. Jenen Weg, der nach
einer Ewigkeit, beginnend mit dem kleinen Einmaleins
und vielleicht mit dem »Pythagoreischen Lehrsatz«
endend, ins sogenannte Leben führt. Dem Micherl schwan-
te schon nichts Gutes bei der Einschreibung, obwohl er seinen Handball mit ins Schulhaus nehmen durfte. Er hatte
den verhaßten Sonntagsanzug anziehen müssen, und der
Hals wurde ihm gleich gar zweimal gewaschen. Außerdem
zwickte ihn der lederne Rucksack auf seinem jungen
Buckel, und die Ermahnungen der Mutter nisteten unan-
genehm in seinen energisch gestöberten Gehörgängen.

Noch zwei vom Haus traten mit ihm den schweren Weg
an. Der Sterzenberger Hugo und ein frisch eingezogener
Schwaben-Wörgel, den sie Jäkele riefen. Die Mama vom
Hugo führte diesen kleinen Geleitzug an, und an der Ecke
bei den Heimgärten trafen sie die dürre Hausmeisterin,
die den Michael süß-säuerlich in die Backe zwickte und
sagte: »Jetz wirst bald a Professor sein.« Doch ganz leise,
wie der Karl Valentin bei seinem Buchbinder Wanninger,

hängte sie auch noch ein kleines Wörtchen an, das sich wie
»Hundsgribbe, elendiger« anhörte. Von allen Seiten
kamen bekannte und unbekannte Leidgenossen aus den
Nebenstraßen des Schlachthausviertels angezockelt. Und
der alte Mann, der lächelnd am Wegrand stand, nickte zu
dieser Butzelware hin und meinte glucksend: »Do muß
anscheinend irgendwo ein Nest sein.«

Der Schüler Michael hatte seinen Lebkuchen-Minimax,
die spitze, hohe Schultüte, bereits daheim von unten her
schon ein bißchen angenascht, und genaugenommen war
sie schon dreiviertel leer. Deshalb wollte er sie auch gern

gegen die Süßigkeitsgranate des Schwabenbüberls eintauschen, und er hätte sogar noch ein farbiges Bild vom Fußballtorwart Sepp Maier dazugeben. Aber der pfiffige Lechfeldspargel lehnte dieses Angebot ab und umklammerte von da ab seinen Spekulatiustrichter fest mit seinen kleinen Fäusten.

Vorbei an der riesigen Linde, genau derselben, wo sich neun Jahre später der »Mike«, wie der Michael dann hieß, heimlich mit der Schülerin Elisabeth Mandlschweiger nach der Maiandacht immer treffen würde, ging's in einer sanften Kurve dem Jugendstilschulhaus zu. Über dem Eingang stand dort zwischen einem Stilleben aus Weintrauben und Äpfeln zu lesen: »Schule für Knaben«. Aber das konnte der junge Michael Silberstreik natürlich noch nicht entziffern. Was er aber sofort lesen konnte, war das Gesicht des mürrischen älteren Mannes, der an der Eingangstür neben dem eisernen Fußabstreifer stand und nur stumm darauf hindeutete. Diese Lektüre war nicht gut.

Im dunklen Schulgang roch es ganz deutlich nach Bodenwachs, Freiheitsentzug und Hausaufgaben. Und ein bisserl nach der Firma »Angst und Bange« roch es obendrein. Schließlich stand der Bub mit sechsunddreißig anderen Gleichgesinnten der »Knabenklasse 1b«, von der er vor einer Stunde noch gar nichts gewußt hatte, im Schulzimmer. Demselben Raum, den er nach Jahr und Tag um vieles klüger wieder verlassen würde. Um jenes Wissen bereichert, das ihn zu einem »nützlichen und ordentlichen Mitglied der menschlichen Gesellschaft« machen sollte, wie der Herr Direktor bei der Schulschlußfeier gewiß sagen würde.

Vorerst wäre der Micherl allerdings noch viel, viel lieber eine Zeitlang unnütz und wertlos gewesen. Dafür aber frei!

Zerschundenes Räuberheftl

»Schundheftl« sagten die harten Erwachsenen oft zu den sanft idiotischen Zehnerlromanen früherer Zeiten, als die Phantasie noch zu Fuß ging, und Buffalo Bill, Frank Allan, »Der Rächer der Enterbten« oder der unzerstörbare Sherlock Holmes die minderjährigen Herzen höherschlagen ließen.

Ohne Einspruch des gestrengen Kultusministeriums durften damals die gleichen Schulartikelgeschäfte, die auch die ernsthaften Lesebücher, den Katechismus und ehrwürdige Schiefertafeln feilboten, die Räuberheftl in ihr Sortiment aufnehmen. Allerdings hatten die Barfußläufer dieser Ära, im Gegensatz zu den heutigen wohlbestallten Mini-Abenteurern, erst die schwierigsten Finanzierungsprobleme zu lösen, bis sie die zweiundsiebzigste Fortsetzung von der »Eiskalten Hand am Hinterkopf des blinden Bahnwärters« in ihren eigenen dunkelweißen Patschhändchen hielten. Da mußten also erst einmal Radl geputzt, Maikäfer gefangen und an blasse Herrschaftskinder verkauft, Lumpen, Flaschen und Knochen gesammelt oder Zeitungen ausgetragen werden. Und diese Jagd nach dem Zehnerl war manchmal fast noch abenteuerlicher als eine Büffeljagd von Buffalo Bill. Der übrigens in der Jahrhundertwende auf seinen Streifzügen sogar bis nach München kam und im Rahmen einer großen Indianerschau jeden Tag ein Spielkartenas durchschoß. Aber nicht, indem er nach der Bildseite eines Kartenblattes zielte, sondern auf die Kante. Bayernherzog Max, der es ihm gleichtun wollte, traf dabei leider nur dreimal den müden Spätsommernachmittag.

Bedauerlicherweise hatten die meisten strengen »Älteren« keine Meinung von dieser prächtigen Literatur. Und so sah man dann abends um die Gaslaterne viele junge Nachwuchspfadfinder stehen und den »Wildtöter« lesen. Zusammen mit der wachsenden Gänsehaut bildete sich dabei fast immer bei jedem dieser Zeilenfresser der unumstößliche Vorsatz: Spätestens am nächsten schulfreien Nachmittag endgültig aufzubrechen. Nach »Arizona und Arkansas – wo damals noch der rote Mann saß«.

Daß der gesamte Lehrkörper selbstverständlich auch gegen eine Zweckentfremdung eines sowieso nicht allzu aufnahmefähigen Bubenhirnes war, verstand sich am Rande. Trotzdem gehörte in jeden Bildungstornister eines Randsteinläufers natürlich mindestens ein zerfledderter »Billy Jenkins« oder »Comanchen-Joe«. Zum Täuscheln nämlich. Wobei irgendein pfiffiger Schreinermeister, der in seiner Jugend sicher selbst ein größerer Täuschler war, in alle Schulbänke einen Schlitz in das lange Ablagefach gemacht hatte, durch das man den ausgelesenen »Räuber Kneißl« unbemerkt seinem Hintermann zuschieben konnte.

Bei der hin und wieder eingesetzten Heftlrazzia jedoch kam es nicht selten vor, daß an die fünfzig zerlesene Schicksale auf dem Katheder des Herrn Lehrers landeten, die dann unter Bewachung des Klassenprimus zum Schuloffizianten hinuntergetragen wurden, der sie mit mürrischem Gesicht in den gierig danach leckenden Heizungskessel stopfte. Erfreulicherweise gab es aber auch ein paar grundgütige Einmaleinspauker, die genau wußten, daß ein geistig gesunder und normaler Schüler nach Fertigstellung seines Aufsatzes über das ungeheuer wichtige Thema: »Die Nierenfunktion beim Borkenkäfer-Weibchen«, durch die blauen Schulhefte tadellos getarnt, selbstverständlich seinen Häuptling »Zimbra Bimba« las. Auch bei der Schilderung über den »Oberlauf des Quadalquivir« oder beim Nachplappern eintöniger Rechenaufgaben wurde leider vielfach ein Auge voll »Schwarzes Gold« schnell unter der Bank genommen. Wobei es dann natürlich auch vorkam, daß der unversehens in den Unterricht einbezogene Träumer auf die Frage, wieviel zwei mal zwei sei, mit einem überraschten »Uff, uff« antwortete. Oder dem harten Tadel, er habe schon wieder nicht aufgepaßt, ein ehrliches »Well Sir« entgegenschleuderte. Schlimm wurde es jedoch erst, wenn dann die jugendliche Lesewut so weit ausartete, daß ein Heftlnarr auch noch während des Heimgehens auf dem Schulweg seinen »Colorado-Bill« nicht losließ. Denn dann konnte es passieren, daß er mit seiner gerunzelten Wellblechstirn direkt an eine der gußeisernen Laternen hinrannte, die bei dem wuchtigen Aufprall auch noch höhnisch zu kichern begann. Dann blitzte es vor den Augen des winzigen Asphalt-Cowboys, fast genauso heftig, als wäre er direkt in die Garbe eines sechsschüssigen Colts hineingelaufen. Und da konnte die besorgte Mama daheim, die den entstehenden Ast auf dem Haupt ihres Sorgenkindes mit der kühlen Breitseite eines Tafelmessers zurückzudrängen versuchte, nur mehr seufzend sagen: »Siehst du, Buwi, das ist der Fluch – vom bösen Buch.«

Es war einmal

Das ältere Fräulein, das unter uns wohnte, hörte auf den seltsamen Namen Melusine Scherbenübel. Und manchmal sang sie an bleichen Wintervormittagen ein Lied, das ein schmaler Mann, der einen Kaisermantel trug, mit einem wehmütigen Geigenspiel begleitete. Der seltsame Solist, so erzählten sich die Leute im Haus, hieß Fürchtegott und war der Bräutigam von Melusine. Wir Kinder meinten, das müsse etwas Schreckliches sein, weil wir das Paar einmal im Dämmerlicht des Treppenhauses dabei ertappten, wie es sich ganz nahe, Nase an Nase, mit glasigen Pupillen in die Augen starrte. Die Freundin von meiner Schwester Wilhelmine, Engelberta Schups, die schon über neun Jahre alt war, sagte hingegen, das sei die Liebe.

Was die beiden Musikanten zum besten gaben, wollte ich doch erzählen. Das traurige Liedchen hieß: »Es gibt im Volkesmunde wohl Märchen ohne Zahl. Ein jedes in der Runde beginnt: Es war einmal.« Ich kann es heute noch bis zum Ende.

An dieses Poem mußte ich mich nämlich vor einigen Tagen erinnern, als ich in der Zeitung las, daß von einer Schulklasse mit vierzig Kindern heute nur noch fünf Märchen erzählt bekämen. Denn in meiner Zeit, in dem alten

Vorstadthaus, das fast mitten auf einer riesigen Wiese stand, die bestimmt bis Arizona reichte oder noch weiter, wurden fast jeden Abend in einer der kinderreichen Wohnungen schaurig-schöne Gruselgeschichten erzählt. Und am besten konnte das meine Großmutter, die fast blind war, etwa zweihundert Jahre alt, aber noch ganz schwarzhaarig. Wenn draußen über der Prärie unserer Kindheit die graue Nebelfrau schlich, die sich doch hauptsächlich von den Herzen verlaufener Kinder ernährte, die sie zusammen mit sieben Löwenzahnstengeln roh verspeiste, wie man uns erzählte, damit wir rechtzeitig heimgingen, dann schoben die Minna und ich den alten schiefen Lehnstuhl unter den gelben Glühstrumpf der Gaslaterne. Drei bis zwölf Kinder aus der Nachbarschaft waren auch schon da. Auch einen Fußschemel stellten wir unserer Oma, um die uns die ganze Zinsburg beneidete, unter die Kamelhaarhausschuhe, und dann bettelten wir so lange, bis die gute alte Haut wieder einmal das graue, zerlesene Buch hervorholte, in dem es von Gespenstern, Kobolden und verzauberten Prinzessinnen nur so wimmelte. Mäuschenstill saßen wir um sie herum und »schwupp« den Daumen in den Mund.

Obwohl unsere Ahne natürlich jedes Märchen längst auswendig konnte und ja fast gar nichts mehr sah, blätterte sie gewissenhaft jede Seite um. Gespenstisch tropfte vorn am Ausguß der Wasserhahn. Der Perpendikel des Nußbaumregulators schwang gleichmäßig ins Jenseits und wieder zurück, und der winzige Magen vom Kummer Karli knurrte mit der Stimme eines ganz jungen Hundes. Dann huschten sie auch schon durch das Zimmer. Saß da nicht unter dem wackligen Kanapee Zwerg Nase und kicherte zu uns herüber? Und aus dem Unterteil des graugestrichenen Küchenkastens schaute doch der kleine Muck heraus. Was aber in der Kohlenkiste unter dem Ofen rumorte, das war gewiß das arme Aschenputtel, das nicht auf den Ball gehen durfte, ehe nicht alle Erbsen ausgelesen waren. Und leise, mit wundgezählten Lippen, wisperte es den wohl bekannten Trostspruch: »Die guten ins Töpfchen, die schlechten ins Kröpfchen.« Und auch wir flüsterten bang zu der monotonen Stimme der alten Frau im Lehnstuhl: »O du Fallada, da du hangest.«

Die Zwillinge Silberstreit brachten sich fast nie einen Schemel mit, weil sie doch elf Kinder waren, und sie mußten deshalb meistens stehen in dieser Märchenstunde. Mit knöchelweißen Fingerchen, angeklammert an die Nickelstange des nahen Küchenherdes, hörten sie zu. Ihre mageren Beinchen aber in den schwarzen Wollstrümpfen waren vor Angst und Spannung so spiral umeinander gewunden wie die Lakritzenstangen von der dicken Kioskfrau Mali Hild. Und wenn die Großmutter mit uralter Stimme das Schicksal von Jorindel und Joringel berichtete: »Mein Vöglein mit dem Ringlein rot, singt leide, leide, leide.« Und gar den Rätselspruch der kichernden Hexe: »Grüß dich, Zachiel.« Da war bei den kleinen doppelten Lottchen meistens schon alles zu spät, wenn sie gefragt wurden: »Was ist, Kinder, müßt ihr vielleicht raus?« Denn dann sagten sie noch ganz leise: »Nein, Oma, jetzt nicht mehr.«

Unsere Großmutter beendete ihre Geschichten immer mit einem hochmoralischen Hinweis, indem sie an jedem Märchen hinzufügte: »Und so geht es allen Kindern, die der Mama die Milch nicht holen.« Oder: »Verzaubert kann nur der werden, der seine Dotschen nicht ißt.« Das waren nämlich die verhaßten Feldrüben, die es in dieser Zeit dreimal täglich gab. Denn die Tage meiner Kindheit waren nicht nur schön, sondern auch reichlich arm.

Ja – und dann kletterten die Wilhelmine und ich in die große, braune Traumtruhe, die im kalten Wohnzimmer stand. Und wir krochen gemeinsam unter die schwere riesige Zudecke. Und das einemal machte meine Schwester die Lokomotive, und ich kuschelte mich an ihr flanellweiches Nachthemdchen als Anhänger. Und das anderemal war ich wieder das Feuerroß, das in das dunkle geheimnisvolle Tal der Träume fuhr.

Der vordere Beobachter aber hatte die Aufgabe, durch eine winzige Öffnung im Plumeau starr nach der Türklinke zu schauen, ob sie sich nicht vielleicht langsam und knarzend senkte und das tapfere Schneiderlein oder der König Drosselbart ins Zimmer kam. Und sie taten das auch wirklich sehr oft in unserer Schlummerphantasie und standen lange an unserem Bett. Nur sahen weder ich noch die Wilhelmine jemals die magisch angestarrte Türklinke leise heruntergehen. Denn da waren wir ja schon längst eingeschlafen.

Kaschperl Larifari

Der große Raum in dem stillen Museum ist abgedunkelt. Damit die Erinnerung darin spazierengehen kann, die keine Helligkeit liebt. Denn auf den zwanzig winzigen Bühnen sind die Dramen der Kinderzeit noch einmal lebendig geworden. König Drosselbart regiert da im gelben Krönungswams aus einer verblaßten Sonntagsbluse. Der grimme Ritter Blaubart auch. Schutzmann Wamperl, die satten Lenden mit einem Zahnstocherschwert gegürtet, und dicht dahinter der leibhaftige Boandlkramer. Grätenbrüstig wie eine abgenagte Aschermittwochsmakrele. Und mit mahnendem Memento-mori-Kopf. Aber ganz im Vordergrund er selber. Der Kaschperl Larifari. Die Haupt- und Schlüsselfigur der Ausstellung »Hundert Jahre Münchner Marionettenspiele«.

Graf Pocci und Papa Schmied waren die Väter dieses fleckerlgewandeten Erzbazi-Bürscherls, das aussieht wie eine Mischung aus einem bedudelten Scherenschleifer und einem Michael Kohlhaas. Und das weder Ritter, Tod noch Teufel fürchtet, sondern zum geisterbleichen Sensenmann einfach sagt: »Wer bist du? Da Dod, da Menschenfresser? Friß doch Bratwürschtl, die schmegga da bessa.«

»Die Damen werden gebeten, die Hüte abzunehmen«, steht auf den alten Plakaten, die das Auftreten des Kaschperl im Münchner Marionettentheater oder auf der Wanderbühne in der Vorstadtwirtschaft »Zum Herzog Siegfried in Bayern« ankündigen. Und auf den Theaterzetteln dieser winzigen Kammerspiele liest man »Das Rotkäppchen«, ein dramatisches Märchen. »Kolosiris die Lotosblume.« Oder »Kasperl in Ägypten«. »Die Sieben Raben.« Oder »Mutterfluch«.

Manche dieser Marionettenbühnen befanden oder befinden sich in Privatbesitz. Professor Max Diekmann zum Beispiel, ein Pionier des Fernsehens, hatte eine. Der gefallene Bildhauer Toni Ehrbacher auch. Dann die Sollner Geschwister Jansen, Hans Lippert und Peter Auzinger. Auch Karl Valentin.

Sinnend stehen ein paar betagte Frauen mit gnädig mürben Boxcalfstiefeln vor den großen Vitrinen. »Woaßt as no, Minna, wia ma 's erschtemoi beim Birkenmaier an Kaschperl gsehng ham?« Und sie werden still und erleben wohl alles noch einmal durch. Wie der Kasperl neben der Margarinekistl-Schlucht lag, die direkt in die Hölle führte. Und sagte: »Goi Kinda, deands mi fei wegga, wenn wer kummt.« Und auf einmal fuhr der Beelzebub persönlich aus dem Schacht. Im schwarzen Kinihasen-Frack und spitzen roten Rübenhörndln. Und er knurrte mit wackelndem Kopf: »Perlico-perlaco.« Und alle Kinder hätten darauf geschworen, daß es jetzt nach Schwefel roch. Aber soviel sie auch schrien, der Kasperl wachte einfach nicht rechtzeitig auf. Erst immer, wenn der Sparifankerl schon wieder verschwunden war. »Woaßt as no, Minna«, sagt die alte Frau jetzt zur Freundin noch einmal und wispert ihr ganz nah ins Ohr: »Wiast as du amoi vor lauta Angst nimma ausghoidn host und…« – »Aber d' Mama hod ma glei wos frischs ozong«, gluckst die Minna verschämt zurück.

50

Vielleicht denkt auch der alte Herr Zeitlmeier dort an etwas Ähnliches. Womöglich daran, was das große grüne Krokodil alles in seinem unersättlichen Rachen verschlang. Bevor ihm der Kasperl mit der Bretschn den längst verdienten Garaus machte. Kochlöffel und den Schnitzlklopfer fraß er. Schürhakl und Kohlenschaufel. Langsam geht der einsame Herr weiter, träumt und murmelt: »Eigentlich san mir im Lebn doch aa bloß Marionettn. Nur de Fädn siecht ma hoid bei uns net.« An der erzenen Büste des Grafen Pocci bleibt er dann stehen. Schaut lange den gütigen Kopf des Kasperlvaters an und begrüßt daneben seinen rotnasigen Spitzbubensohn. »Seids olle do?« hat der doch immer gefragt. Nun, alle waren sie heute natürlich nicht mehr da. »Habts a Goid aa?« No ja, es läßt sich schon auskommen. »Dann schreits amoi olle fest hurra!« Und »Hurra« schreit da auf einmal halblaut der Herr Zeitlmeier. Er wird im Nu so rot wie die Nase vom Kasperl und drückt sich schnell und verstohlen hinter dem leise lächelnden Ordnungsmann zur Tür hinaus.

Wie in Spitzwegs Tagen

Es gibt in München ein paar Dutzend Winkel, Gebäude und Stätten, vor denen die alten Einwohner von Zeit zu Zeit immer wieder kopfschüttelnd, schmunzelnd oder träumend stehenbleiben. Dazu gehört beispielsweise ein simples Fenster im verdämmernden Märchenhof des uralten Radspieler-Hauses. Und der Großstadtwanderer stellt sich dabei vor, wie der Dichter Heinrich Heine, der einmal hier wohnte, an die erblindeten Scheiben mit den Fingernägeln einen zornigen Vers getrommelt haben mag, als ihm der Bayernkönig Ludwig kühl die goldbetreßte Schulter zeigte.

Besonders gerne bummelte der Asphaltlatscher an lauen Sommerabenden auch hinaus zu einem kleinen verschonten Herbergshäuschen hinter dem Wiener Platz, wo man den dicken Hausschlüssel noch in die Dachrinne legte. Und wenn er Glück hatte, konnte er einem blassen Knaben zuhören, der im Rahmen des Giebelfensters einer Schülergeige das Lied von den zwei Königskindern abbettelte.

Mit ungläubigem Stirnrunzeln verweilte der Ortskundige ferner am Eingang jenes vergammelten Hinterzimmers, in dem der bekannte »unbekannte Soldat« des Ersten Weltkrieges seine wirren Ideen spann. Und dessen biergebeizten Wände eine blutige Geschichte erzählen hätten können von einem, der auszog, um anderen das Gruseln zu lernen.

Zu den letzten Alt-Münchner Idyllen gehörte auch der »Gries«. Eine verbröckelnde Häuserzeile unweit des stolzen Stammsitzes der bayerischen Staatsregierung. Dort schaute es immer so aus, als hätte man die alte Zeit einfach auf einen Haufen gekehrt. Die Luft schmeckte hier wie das Messingmundstück einer Postkutschentrompete. Während aus den Mauerruinen ein Lüfterl aus Spitzwegs Tagen wehte: ein Düfterl von Wäschermadl'n, die am nahen Bach ihre knielangen Unaussprechlichen rubbelten. Und der Ruch von würzigen Dachhasenbraten, die hier mit wenig Hemmungen, aber viel Pfeffer verspeist wurden. Sicher hießen die Kinder, die in dem schmalen Gäßchen wie die Saunägel beim Sonntagskegeln herumpurzelten, nicht gerade Wulf-Dieter, sondern Micherl und Zenzi. Während sich die Eltern meistens Schratzenbeck schrieben, aber niemals Kneese.

Den nordöstlichen Eckpfeiler des Grieses bildete eine seltsame verlassene Halle, die direkt um einen meterdicken Baum herumgewickelt war. Und drinnen war es duster und verkohlt. Möglich, daß hier an der rußgeschwärzten Ecke sogar einmal Siegfrieds Balmung geschmiedet wurde. Oder vielleicht hatte auch nur ein böser Kugelblitz eine Stadtwohnung hier.

Im ersten Stock fand der neugierige Betrachter das zeitweilig verlassene Lager eines Wermutbruders. Und im nächsten Raum die Wellpapier-Couch einer Asylschwester. Aha, dachte er sich, auch Stadtstreicher bevorzugen getrennte Schlafzimmer. Dann entdeckte er auch noch einen frischen Stirnschmuck aus Weidenblättern. Wohl den Myrtenkranz der Tippelmamsell. Und auf einem Stück Papier zwei frisch gerupfte Täubchen. Womöglich sollte da heute Hochzeit sein. Plötzlich aber zischte ein grauer Strich an ihm vorbei. Eine armlange Ratte. Und weg war der Braten der Braut.

Drohend gähnte dem Ruinenschnüffler nachher ein widrig kühler Kellerschacht entgegen. Und es roch daraus wie aus der Tiefkühltruhe des Weiberschlächters Blaubart. Durch einen Wald von schlagbaren Brennesseln und wilden Rhabarberblättern, die so groß und grün waren wie die Hände vom Riesengebirgsgeist, wenn er das Kraut von seiner Leibspeise gerissen hat, um die Rüben besser zählen zu können, führte ein kleiner Pfad in eine verzauberte Märchenwelt. In einem verwunschenen Garten stritten sich lautlos Hunderte von duftenden Liebesorchideen darüber, wer von ihnen die schönste im ganzen Land sei. Gewiß würde gleich ein Rosentroubadur die blühenden Büsche teilen und eine strapazierfähige Serenade von diesen »Büchsenöffner-Bleamaln« in die beginnende Dämmerung hinausschluchzen.

Es war ein heißer Spätsommertagabend, als der Wanderer schließlich vor dem zerfallenen Haus Nummer 19 ankam. Die roten Dachziegel glänzten in der halben Beleuchtung wie die Schuppen eines riesigen Goldbarsches. Verwaschene Schnörkel zierten die hundertjährige Fassade. In der Mitte ein Stern mit der steinernen Umschrift: »Stella Matatino«. Lautlos wie in einem großen Stundenglas lief das weiße Mehl der Mauern durch die langen Risse des Verputzes.

Zwei Stuckmonogramme kündeten wohl von den Menschen, die einmal hier lebten: »I. G.« stand links an der Wand. Und rechts daneben: »B. G.« Wie der Pflasterbummler das so vor sich hinmurmelte, wurde ein »Ich geh« aus dem einen, und aus dem anderen Schriftzeichen: »Betty ging auch.« Und lächelnd fügte er ein drittes Monogramm hinzu. Nämlich ein stummes »W. G.« Und brummelte resigniert dazu: »Wir gehen leider alle.«

Der Baum vor dem Haus

Der Baum vor dem Haus steht nicht allein in Brooklyn. Er steht auch in Oslo am Sund genauso wie in Siebenbürgen oder in Siebenbrunn. Immer wieder ist dieser Patriarch irgendeine Wendemarke, ein Vermittler, ein Platz zum Ratschen und zum Treffen. Auch Nachrichten tat der schrundige Bursche kund. Da war vielleicht einmal ein blau linierter Schulheftzettel angebracht, auf dem die Witwe Meise mit aufgeregter Schrift folgende Mitteilung machte: »Kater entlaufen. Hört auf den Namen Simba. Besonderes Kennzeichen: Bis zum Skelett abgemagert.« Die gute alte Haut sah wahrscheinlich im Geiste ihren Giebelsteiger schon halb skelettiert, weil er doch außer von seinem Frauli von niemandem etwas annahm. Derweilen war der geliebte Bettwärmer im Frühjahr ganz einfach restlos ausgebucht und hatte deshalb auch keine Zeit mehr für die geschabte Leber daheim gehabt.

Auch andere Neuigkeiten, die sorgsam mit vier Messingreißnägeln auf der Brust der grünen Plakatsäule angeheftet waren, interessierten ungemein. Tauschgeschäfte, in denen ein belgischer Riese für einen sprechenden Wellensittich offeriert war, lösten bei der ganzen Hausgemeinschaft entsprechende Diskurse aus. Ebenso, ob die alte Hauptlehrerin Hösl auf ihr in steiler Schrift verfaßtes

Jubiläumsinserat nun endlich den seriösen, pünktlich zahlenden und musikliebenden Zimmerherrn finden würde.

Und natürlich spielte der runde Kumpel auch beim Anschlagen und Versteckerlspiel die Hauptrolle. Beim letzteren drückten die Kinder ihre jungen Stirnen fest an die rauhe Rinde. Beim Ringelreihen tänzelten die kleinen Zopflieslin um den zerschundenen Veteranen herum, mit leisem Singsang das Lied von dem sagenhaften Carola-See vor sich hinpiepsend. Und später, als sich die Bürscherl und die Madl der näheren Umgebung schon die Hand zur Begrüßung gaben, traf man sich einfach »am Bam«.

Einmal hatte ihnen der Hausmeister mit einer wackeligen Staffelei sogar einen Strick an einen der stärkeren Äste gebunden und eine richtige Schaukel daraus gemacht. Aber ein böser Mensch, die Buben meinten, es wäre der alte Rentner Habicht gewesen, der auch mit seinem Spazierstock jedes Papierl und jeden Zigarettenstumpen unter leisen Verwünschungen vom Trottoir in den nahen Gulli hinabbeförderte, schnitt dann das Seil glatt durch.

Natürlich wurde der lebendige Maibaum auch als Marterpfahl fleißig benutzt. Und viele Einschnitte von Namen und Herzen waren in seine braune Haut eintätowiert, die dann allerdings nach Jahr und Tag die Form von pelzigen Rettichen angenommen hatten. Aufmerksame junge Kriminalistinnen oder auch alte »Daddln« entdeckten auch noch die winzigen Einschüsse von Bolzen und Luftgewehrkugeln oder von selbstgeschmiedeten Pfeilspitzen. Ganz links oben, wo der erste Ast begann, war auch eine besonders interessante Taschenmesserwunde vernarbt. Der 10jährige Michael Gröll warf nämlich einmal mit seinem Geburtstagsmesser wie die Schurken in den Leihbibliotheksromanen nach dem Baum vor dem Haus und brach dann beim Herausziehen das Stahlblattl ab. Er trabte heim, wurde übergelegt und lief davon. Als

Schiffsjunge kam er bis nach Amerika. Und als Küchensergeant wieder zurück. Dann besuchte er wieder seinen »Moritz«, wie der Baum bei seinen engeren Spezln geheißen hatte, denn die Ursache seines Werdegangs war ihm stets im Gedächtnis geblieben. Und zum Zeichen seines Dankes goß er eine halbe Flasche Whisky über die Wurzeln seines Lindenfreundes. Er kicherte dann sehr, weil er sich vorstellte, daß jener jetzt vielleicht einen Saurausch bekommen könnte und dann die ganze Nacht: »O Tannenbaum, o Tannenbaum« rauschen würde.

Auch ein verkehrt herum eingeritztes Hakenkreuz war noch lange Zeit zu erkennen, bis ein echter Demokrat dieses Symbol mit einer groben Schusterraspel entfernte. Doch dann geschah etwas Schreckliches. Im Zuge der großen Holzaktion, welcher die Stadt an der Isar seit vielen Jahrzehnten unter dem Schlachtruf »Für den Fortschritt« ausgesetzt war, mußte auch der »Moritz« dran glauben. Zwei Männer von der Stadtgärtnerei näherten sich dem stolzen Randsteinwächter, der bisher wie der Soldat am Wolgastrand stumm und aufrecht seine Pflicht getan hatte, und setzten ihm die haifisch-gierige Säge an. Auf dem verbliebenen Stumpf zählte der eine von den Bäumeschlächtern nachher genau 73 Ringe. Vorher aber war es dem knorrigen Veteranen beim Fallen durch eine geschickte Drehung noch gelungen, dem städtischen Oberinspektor, der seiner Hinrichtung in gehörigem Abstand zusah, mit einem langen Zweig den Hut vom Kopf zu schlagen. So als wollte er sagen, wenn ein solcher Recke stirbt, so muß man doch wenigstens dabei den Helm abnehmen.

Der Kinderfresser

In Wirklichkeit hieß das nicht unbedingte blaue Auge des Gesetzes im Volksmund immer nur der »Schande«. Diese spezielle Münchner Titulierung kommt höchst wahrscheinlich von dem Wort »Gendarm«, das im maulfaulen bayerischen Umgangsdeutsch »Schandarm« ausgesprochen wird. Und wie jede Abkürzung an die orthographische Operationsstelle einfach ein »e« aufgepflastert erhielt.

Dies sei nur deshalb erwähnt, weil sonst bösartige Menschen meinen könnten, ein Münchner »Schande« hätte irgend etwas mit jenem gleichlautenden anderen Wort zu tun, das einen ganz schlimmen Zustand ausdrückt.

Der Respekt vor der uniformierten Obrigkeit wird dem Deutschen zusammen mit der kuahwarmen Goasmilli wohl schon im Kinderwagl eingeflößt. »Wennst ned schtaad bist, nacha hoi i an Schutzmo«, zischten die Alten ihren Fexern drohend in die Kissen, und die rotgebrüllten Edamerköpferl verstummten fast augenblicklich. Was sich so ein Kind unter einem Schutzmann vorstellte, weiß man nie genau. Aber sicher immer so etwas Ungeheuerliches wie die haarige Nase von der Tante Maari oder den unheimlichen Adamsapfel vom Onkel Wigg.

Später, beim häuslichen Kasperltheater, wurde der zeigefingergelenkte Helmträger manchmal vom Kasperl mit einem Schnitzlklopfer, einem Schneebesen oder in der Not sogar mit einem automatischen Büchsenöffner verprügelt. Das erweckte beim schadenfrohen Nachwuchs die irrige Vorstellung, ein Schutzmann wäre nur zum Verprügeln da und in jedem Falle der Unterlegene. Dies aber war schon immer ein erzieherischer Trugschluß, der im praktischen Anwendungsfalle mit Recht und mit Gefängnis geahndet wurde.

Die verbliebene Kindheitserinnerung der Alten an einen Schutzmann ist fast überall dieselbe. Ein steif aufgerichteter Mensch, der oben einen Schnurrbart hat und ganz am Ende einen Helm mit einem vernickelten Kerzenleuchter, auf dessen Spitze man im Fasching eine Orange stecken kann. Und um den Schutzmann herum hängt ein schwarzer Lodenmantel, unter dem irgendwo ein Wachstuchbücherl zum Aufschreiben und das leise Grauen hauste.

Jeder Bub, den ein Schande anschaute, spürte sofort einen Knödel im Hals und scharrte verlegen die Schusserkacherl wieder zu, benahm sich anständig und lächelte einfältig. Manchmal ging aber der allmächtige »Kinderfresser« gleich gar in das Haus, in dem man wohnte, und die Hausmeisterin sagte: »Der kimmt g'wiß wieda wega'n Bemsl-Früchterl!« Dann wurde der Druck auf das Brustbein so stark, daß der Bemsl-Bub zitternd nach den Patentknöpfen seiner hinteren Hosenfalltüre tastete und im Selbsterhaltungsgebet aller Kinder dem lieben Gott vorschlug: »Bitte, wenn sich da Schande auf da Schtiagn vielleicht an Fuaß bricht, dann lern i d' Abendglock'n auf da Zitha auswendig.«

Jeder Münchner, der nicht duckmausert war, stand ein Leben lang mit einem Fuß im Notizbuch des Herrn Wachtmeisters. Als Hundsgribbe näßte er doch mit dem Spritzdiezl die heraushängenden Betten von der Witwe Mägerlein oder er machte ein prächtiges Feuer auf der Wies'n. Dann schnitzte er gewiß auch trotz starker Wasserblasenbildung Herzen am Spieß in die Bäume, warf mit flachen Kieselgeschossen Oberlichtfenster ein und fuhr schließlich seine Freundin, die Walli, auf der Radllenkstange nach Hause.

Später entfernte er die Innereien aus seinem Schnauferlauspuff, spuckte auf den Boden und brachte Hunde mit. Auch im Straßenverkehr tappte er arglos in die überall ausgelegten Paragraphenfußangeln oder -legbüchsen und wurde immer rückfälliger.

Fast immer hatte es der Schande natürlich auch mit den Vorstadt-Stenzen und den Auermühlbach-Strizzis zu tun. Dabei wurde er aber in seinen Pflichten und der Strafverfolgung manchmal noch von einem viel schlimmeren großen Bruder abgelöst. Es war ein düsterer Mann in Zivil, der Kriminaler hieß oder auch »Verdeckter«. Da ging's dann schon um Raufereien, um Zechpreller, Alimentenangelegenheiten oder einen kleinen »Bruch«. Weil's aber auch unter den Außenseitern der sogenannten bürgerlichen Gesellschaft seit François Villon schon immer ein paar Poeten gab, wurde auch auf diese »Grimmigen« ein passendes Lied gedichtet, das wohl bereits ganz vergessen ist und das also lautete:

»Kriminaler des is fad / san da schtändig auf da Naht / Doch man kennts zum guadn Glück / glei auf den erst'n Blick / A jeda hod an Havelock / an greana Huat / an Hacklstock / Und auf zehn Schritt / ja des is schee / do heast an jed'n geh / Kriminaler hoaßt der Schtand / weils so grimmig sand.«

Nun, längst ist auch der stolze Helmträger mit seinen schweren Gummiabsätzen den Weg in die Vergessenheit gegangen. Ebenso wie der Lodenmantel-Sherlock-Holmes. Und geblieben ist leider oder Gott sei Dank nur der sachliche Gesetzeshüter, von denen, wie die Statistiker so geistreich melden, zweieinviertel auf tausend Münchner Einwohner treffen. Und das ist nach Meinung der hohen Obrigkeit um ein ganzes Beamtenviertel zu wenig.

Die paar noch lebenden alten Dreiquartelprivatier aber meinen zu dieser Feststellung ziemlich lakonisch: »Für d' Münchner alloa g'langatn aa scho hoib sovui Schutzleit. Denn de Münchner san ja in Wirklichkeit aa nur hoib so bös ois wias dean.«

Fein in Schale

Da baumelte er also im dunklen Schrank. Wie eine Vogel-scheuche, die einen Zwölfer im Toto hatte und jetzt auf vornehm machte. Ein bißchen eingebildet, vollkommen unmodern, gegen Motten tadellos präpariert und für die nächsten tausend Jahre gedacht: der alte Sonntagsanzug.

Er war zu schade zum Herschenken, zu linkisch zum Anziehen, zu feierlich für den Werktag und zu groß für den Buben. Und es ging ihm wie hunderttausend anderen Feiertagshäuten auch. Denn sie alle schaukelten doch ohne jeden Inhalt mindestens 300 Tage im Jahr sinnlos vor sich hin. Vielleicht hätte man deshalb ähnlich wie einen Tag des Baumes, der Milch und des Buches oder der Woche der Brüderlichkeit auch eine Woche der Sonntagsanzüge ein-führen sollen.

Seinen ersten Sonntagsanzug bekam der teutonische Jüngling schon kurz nach den ersten Zähnen. Noch früher bestand diese Galaausstattung meistens aus einem Matro-senanzug, aus dunklen Wollstrümpfen, weichen Schnür-schuhen mit einer größeren Wachstumsreserve für die Zehen und einer Matrosenmütze auf dem Wasserscheitel, in der sich eine fünffache Einlage der »Jugendblätter« gefaltet unter dem Schweißband krümmte. Vorne drauf quer zur Fahrtrichtung des kleinen Graf Luckner stand dann meistens »Panzerkreuzer Spee« oder »Schiff Ahoi«, vielleicht auch nur »Seemannslos«.

Doch die Kindermode änderte sich auch genauso wie jene der Erwachsenen. Was sich jedoch nicht änderte, war die Kollektivauflehnung der echten Gassenbuben gegen jede Sorte von dunkelblauem Stoff, Schillerkragen und Bügelfalten. Zu allen Zeiten fanden sich deshalb in vielen Familien jene Rebellen, denen es beim Sippenausflug gelang, mit ihren flachen Tellermützen in abseits gelegenen Tümpeln Stichlinge zu fangen oder in die ebenso verhaßten wie säuberlich gestriegelten Zwangsjacken herzhafte Triangel zu reißen. Auch brachten sie gerne abgeplatzte Kappen von ihren Firmungsschuhen an die Wirtsgartentische der lieben Eltern.

Diese taten jedoch dann gut daran, die schöne Ausflugsstille nicht dadurch zu stören, daß sie ihre Sprößlinge saftig überlegten. Denn schon Sigmund Freud sagte doch, daß noch nie ein paar neue Feiertagsschuhe aus dem Hosenboden eines Sohnes herausgefallen sind, auch wenn er noch so stark geklopft wurde.

Im Leben der Halbstarken und des Twens spielen natürlich die »feine Schale«, die »steile Kluft«, das »Rock-and-Roll-Kleid« oder die »Renommierröhren« noch immer eine große Rolle. Hatte aber im Gegensatz zu heute früher ein Jüngling seinen Sonntagsanzug ausnahmsweise auch einmal am Werktag an, so mußte er entweder zum »Vorstellen«, zum »Vertrauensarzt« oder zum »Vormundschaftsgericht«. Dergleichen wurde ein Teenager, der an schwarzen Kalendertagen mit dem »Blaugeblümten« daherschwänzelte, schnell zum »Flitscherl« oder »Schlamperl« abgestempelt. Denn nach der damals gültigen Vorstellung von Sitte und Moral wohnte die Tugend während der Woche allein unter dem Werktagskleid.

Beim Kauf eines neuen Anzugs wurde von einem echten Familienvater Wert darauf gelegt, daß er ein Stück Reservestoff mitbekam. Dieser muffelte dann zusammen mit den Zuschneideresten längst verschlissener Oberhemden und vielen Dutzenden von jenen Wollröllchen, wie sie zum Stopfen vielfach an die neuen Socken angeheftet waren, in einer Tüte unter dem Sofa.

Wurde von einem Ehemann ohne Angabe glaubhafter Gründe der Anzug für den Sonntag auch einmal an einem anderen Tag aus seinem Dämmerzustand herausgerissen, so kam das fast schon einem Scheidungsgrund gleich. Es sei denn, auch die Frau Mutter entwand den hungrigen Mottenkindern gleichzeitig ihr Ausgehfutteral, dann nämlich wußte die gesamte Umgebung schnell, daß es sich dabei nur um die silberne Hochzeit, einen Betriebsausflug oder einen Gang zum Fotografen handelte, weil die Tochter Anna in Louisiana ein Diapositiv für ihren Erinnerungsprojektor haben wollte.

Nach vielen Jahren, an einem günstig bestrahlten Feierabend, wurde aber auch der teuerste Sonntagsanzug durch einstimmigen Familienbeschluß endgültig zum Werktagsgewand degradiert. Und nun durfte der Papa endlich seine geballten Fäuste brutal in die Taschen seines Cheviot-Quälers bohren und die Knie der Hosen ausweiten wie der Ritter Schreckenstein seine Rüstung. Allerdings konnte er diese köstlichen Freuden nur vom Montag bis zum Samstag ohne Reue genießen. Denn im Kasten baumelte ja dann für den siebenten Wochentag schon wieder schicksalshaft ein neuer Sonntagsanzug.

Stachus-Serenade

Warum der Stachus Stachus heißt, wurde nie ganz genau geklärt. Die einen sagen, er trage diese Bezeichnung, weil dereinst in dem tiefen Festungswall, der dort verlief, die Armbrustschützen ihre Übungsstätte hatten. Und von den Bolzen oder Stacheln, die diese grimmigen Krieger verwendeten, sei auch sein Name abgeleitet. Die anderen behaupten indes, einst wäre an dieser Stätte eine beliebte Einkehr gewesen, die ein gewisser Eustachius Federl betrieb. Aus dem Eustachius aber wurde bald ein »Stacherl«, und aus dem Karlsplatz eben dann der »Stachus«.

Für die Münchner jedenfalls war dieser Platz, der heute bis zu dreißig Meter tief ausgehöhlt und der absolute Verkehrsknotenpunkt ist, früher der Nabel ihrer Weltstadt. Und aus dem Motorengebrumm, dem Gewinsel der Mopeds, dem dumpfen Blöken der Boschhörner, den sanften Kosenamen, die fast pausenlos von Autofahrer zu Autofahrer ausgetauscht wurden, der Trillerpfeife des Verkehrsschutzmannes und den pausenlosen Diskussionen der geschwätzigen Starenschwärme auf den nahen Bäumen und Leitungsdrähten formte sich die unvergleichliche Stachusmelodie.

Der gemütliche Wanderer aber, der noch Augen hatte zu schauen und die Ohren nicht allein deshalb, damit ihm der Hut nicht über die Nase fiel, suchte sich wohl manchmal irgendeinen Winkel oder einen freien Platz auf den grünen Bänken. Und blinzelte dann hinein in dieses bunte Panorama, ärgerte sich da ein wenig, schmunzelte dort ein bißchen, stillte seinen Großstadthunger und holte sich dabei auf jeden Fall seinen bescheidenen, amtlich genehmigten Dämmerschoppendurst.

Der Karlsplatz war aber nicht nur ein bedeutender Straßenkern. Sondern auch Münchens Marktplatz des Stelldichein. Am Stachushäusl standen nicht nur im Mai Verliebte, Verlobte und Versetzte. Und alle Jahre in der Zeit der unruhigen Wäsche erlebte diese Oase der Hoffnung besonders viel Freud und Leid, Beginn und Ende, aufgeschnupfte kleine Tränen und zerwuzzelte Trambahnbillettl. Und in unsichtbarer Neonschrift der Firma »Angst und Bange« stand über dem kleinen Straßenbahnbungalow das Menetekel aller wartenden Kavaliere: »Wenn du nicht kommst, dann hab ich mich abends umsonst rasiert.«

Mancher Eckensteher kam deshalb zur blauen Stunde hierher. Zum Kiebitzen und zum Schmunzeln.

Deutlich waren drei Kategorien von Rendezvouzelchen festzustellen. Um 19 Uhr nahte der »Treff« der Bürozähne. Um 20 Uhr kamen die Kaufhausspargel und um 20 Uhr 30 die Friseusinnen. An Begrüßungsaussprüchen konnte man notieren: »Servus Dreiquartel«, »Hei«, »Grüß Gott« zum Beispiel, »Hallo Sugar«, »Gnädigste, ich hatte kaum zu hoffen gewagt«, »I frei mi ganz greisli«, »Bist halt ein Faß«, »Was sieht mein rotumrändertes Auge«, und »Laß die griaß'n oide Schiaß'n«. An besonderen Vorkommnissen: Ein Schneeweißchen mit plastikblassen Lippen ging auf einen Galan zu, auf den der ahnungsvolle Kolumbus-Vers deutlich zutraf: »Was blickst du, Amanda, so trüb und so bleich, du bringst mir traurige Mär.« Und tatsächlich sagte sie auch kühl bis ans Herz hinan: »Koa anderer kummt überhaupts net in Frage. Des kon i beeid'n.«

Zärtliche Kosenamen fielen: »Honey«, »Schtutzifacki«, »Raschperle«, »Rehlein«, »Schnullerchen«, »Kleiner Pascha«, »Stachelbeerle«, »Bampferle«, »Scheißer«, »Fuchserl«, »Schatz« und »Ratz«.

Beim Begrüßungszeremoniell überwog das sachliche Shakehands. Nicht alle Herren zogen die Hüte, manche tippten nur mit dem Zeigefinger an den Rand. Einige bauten aber einen strammen Max und legten einen gepflegten Diener aufs Pflaster. Das öffentliche Küßchengeben war passé und lächerlich. Und auch der Handkuß gehörte sichtlich ins Archiv verstaubter Gepflogenheiten. Selten errötete jemand. Höchstens vielleicht unter der Zunge, wo's keiner sah.

Mitbringserl schienen bereits unmodern geworden zu sein. Nur manchmal noch wurden Bonbontüten gezückt. Ein junger Freier überreichte seiner strahlenden Maid vielleicht eine Streichwurstsemmel, die sie sogleich mit blankem Zahn benagte. Und ein seltener Kavalier brachte Blumen. Einen Strauß roter Heimgartenorchideen. Er trug sie auf dem Rücken, wie Andreas Hofer die Hände in Mantua. Nachdem er aber vierzig Minuten über die Zeit gestanden war, senkte er seine Schwertlilien wie einen Degen der Kapitulation. Und stieß sie dann in den blechernen Haltestellenkorb, daß der Boden unten herausklappte.

Auch einige Mißverständnisse fanden statt. Freudig wollte ein energischer Blondschopf auf seine Erwählte zueilen. Da sah er an ihrem Arm die Mutter, die kein Mensch bestellt hatte. Er verglich, wandte sich und

67

erreichte mit kühnem Sprung gerade noch die hintere Plattform der Linie 9. Er wählte die Freiheit. Und hinter dem Kastanienbaum »Adolf«, der deshalb so genannt wurde, weil er stets als erster braune Blätter kriegte, sah der Beobachter auch einen jungen Mann lauern. Der bespitzelte wohl seine frühere Freundin beim neuen Stelldichein. Denn als sein Nachfolger erschien, schlug er sich freudig aufs Knie und meinte erleichtert: »Ablösung vor.«

Der großen runden Stachusuhr mußte das Zifferblatt sicher wehtun vom unentwegten Anstarren. Dabei wollten die einen den Zeiger des Schicksals aufhalten, die anderen aber schoben mit unruhigen Blicken an. Bis halt jedem seine Stunde schlug. Von der aber keiner wußte, was sie ihm bringen würde. Einen Erfolg oder eine Pleite. Ein Trauerspiel oder einen Schlager. Nur an der Südwand der Zentralstation Sehnsucht hatte ein unbekannter, aber ehrlicher Chronist schon mit Bleistift hingeschrieben, was jahrelang noch zu lesen war. Nämlich: »Hier begann mein Leidensweg. 30. Mai 1959. Franziskus Knechtl.«

Tschump an Floh

»Tschump Kaiser allerletzt!« Bedächtig drehte der Edi mit
dem Absatz seiner neuen Kommunionstiefel eine Schusser-
vertiefung in den lenzfeuchten Hofboden bei der Teppichstange. Mit der Matrosenmütze wurde dann das herausge-
bohrte Erdhäuferl weggestaubt und auch die vier Schritte

lange Schusserbahn gesäubert. »Tschump an Floh, nix
Daumerlts, nix Fingerlts, raffen guit net!« Die farbigen
Perlen der Kinderfreuden gab es damals nicht nur in
Spielwarengeschäften zu kaufen, sondern auch beim Buchbinder Speyer, wo man beim Einkauf eines Katechismus
zwei Schusser geschenkt bekam, beim Kramer, der sie zwischen dem Ostereierkörberl und der Bratheringsbüchse in
der Auslage stehen hatte, und sogar bei der Millifrau, die
sie aus einem irdenen Weidling herauszählte. »Drei Schtück
an Pfennig.«

Man unterschied die kleinen gesprenkelten Steinschus-
ser, die beim Hinschmeißen auf das »Droddoar« meter-
hoch in die Luft hüpften und außerdem als Verschluß für
die »Spritzdiezl« sehr begehrt waren, die meistens etwas
»oarad'n Loambatz'n« und die kostbaren Glasschusser,
die oft noch aus den Kindertagen der Großmutter stammten, innen rätselhafte farbige Spiralen hatten und von den
Buben mit Vorliebe im Mund aufbewahrt wurden. Die
Glasschusser waren Familienbesitz und wurden regelmäßig vom Vater nachgezählt. Sie mußten deshalb vom
Gewinner wieder zurückgegeben werden. »Wiss'n S', des
geht nachad doch scho net, daß Eahne Gribbi meim Buam
unsane Glosschusser obschwind'lt!«

Wenn die Buben ihr »Lengalts« auf dem Heimweg von
der Schule beendet hatten, trafen sie sich an den Stirnsei-
ten der Sandkisten zum »Oprellats« wieder. »Da Heppler
Schteffi mit seine Trimma Händ deaf aba net mitdoa, der
hod a so a lange Schpoh!« Erst wenn das Glühwürmchen
des alten Laternenanzünders daherschaukelte, sausten die
Kinder mit heißen Köpfen und einer dicken Erdrinde am
Zeigefinger heim, um ihr Schussersackl auszuleeren und
Bilanz zu machen.

»Bittschön, Herr Eisenreich, bind'n S' ma mei Schnur
wieda o«, bettelten die schleifengeschmückten Mädchen

den alten Pensionisten, der auf einem Hockerl in der Frühlingssonne saß, zum achtenmal an und hielten ihm die Kochlöffelstiele und spanischen Röhrl hin, die sie als Drallerstecken benutzten. »Zum Odrallern« wurden die kleinen dicken Brummer und die schlanken, singenden Eschenholzkreisel in eine Rinne zwischen zwei Pflastersteine gesteckt oder mit der Peitschenschnur umwickelt. Die Buben drehten ihre Draller schon in der Luft an und warfen sie dann auf die Asphaltdecke, wo sie schwankend weitertanzten. »Da Giglberger Dori kon sein Draller mit de Zehan odrahn«, sagten dessen Freunde ehrfürchtig, aber das hat nie jemand gesehen, weil der Dori niemand dabei zuschauen ließ, um seine Tricks nicht zu verraten.

Schusser und Draller sind heute aus dem Straßenbild der Vorstadt längst verschwunden. »Soweit wir Schusser überhaupt noch führen, werden sie von den Alten gekauft und ihren uninteressierten Kindern in die Hand gedrückt«, sagen die Inhaber der einschlägigen Geschäfte. Sie zeigen Draller mit Patentschlüsseln zum Aufziehen und kleine Straminsackerl mit überzüchteten gold- und silberbronzierten Lehmkugeln.

Beinahe ausgestorben ist auch das »Pickeln« der Gassenbuben und das »Häuslhupfen« in den magischen, mit Kalkbrocken auf das sauber gewaschene Straßenpflaster gemalten Kreidekreisen. Nur ganz selten hört man manchmal in stillen Straßen noch das dünne Kinderlied vom sagenhaften Carola-See, den Fangamandlvers »Ge-ettelt, ge-bettelt«, oder das Zauberwort »Tschump«, von dem niemand weiß, woher es kommt, und das einst die ganze selige Märchenwelt erschloß.

Links wo das Herz war!

Schwabing, das veredelte ehemalige Dorf Swapinga, pulsierte einst am heftigsten dort links, wo das Herz ist. Nämlich auf der Backbordseite der Prachtstraße Ludwig I. und des Schwabinger Boulevards, wie die Avenue Leopold auch gerne genannt wird.

Dort spielte im berühmten Café Größenwahn der Malzkaffeerevoluzzer Roda-Roda mit den anderen Welterneuerern hinter den großen Schaufenstern vierundzwanzig Stunden lang am Tag Schach, heftig kritisiert von gestikulierenden Zaungästen, die vom Bürgersteig aus zuschauten. Dort ging die sagenhafte Gräfin Reventlow, bleich, romantisch und schön wie ein Mondstrahl, nachts durch die gelben Gaslaternenstraßen. Um den Knöchel ein güldenes Kettchen, wie eine Brieftaube zu Fuß, und an der Hand ein stilles Märchenkind, dessen Vater nie jemand erfuhr. Auf den Treppen der Akademie aber saßen die Modelle für die Maler- und Bildhauerklassen. Versponnene Mädchen in langen Rupfengewändern und mit kernigen Kopfsalatbrüsten, die sie stramm zu Markte trugen. Markante Charakterköpfe zum Aussuchen. Das Stück für zwei Mark ganztägig. Dort tanzte um die Zeit, wenn der käsige Morgenmond über die Giebeldächer nach Hause ritt, Schwabylons François Villon, der letzte große Poet Hans Reiser, einen gespenstischen Wiegentango auf der Straße. Sagte dann seinen Freunden, daß er schnell an den Amazonas müßte zum Orchideenpflücken und verschwand für die nächsten fünf Jahre.

Und die Elf Scharfrichter, das köstlichste Brettlkabarett, das es je gab, saßen im »Goldenen Hirschen« und schlachteten ganz unblutig drei Dutzend Weißwürste, die ihnen ein unbekannter Mäzen auf ein Jahr im vorhinein bezahlt hatte. Der Seemann Ringelnatz, der Star des alten Simplicissimus, der Maler Franz Marc, Heinrich Mann, Stefan George, Klabund, die geheimnisvolle Marya Delvard, und wie die berühmten Figuren der goldenen zwanziger Jahre alle hießen, warteten gleichermaßen sehnsüchtig, bis die Säufersonne »La Luna« wieder aufging, um sich zusammen mit all den anderen Traumtänzern, Feinspinnern und sanften Irren um die Kathi Kobus zu versammeln. Jener Edelweiß-Monroe, die aus dem nahen Gebirge als »Simpl«-Wirtin eingezogen war und ihre Künstler mit einer Bowle anlockte, die sie selber braute und von der Frank Wedekind behauptete, das einzige Natürliche, was da jemals drin gewesen sei, wäre der Daumen der Kathi selbst gewesen.

In einem Hinterzimmer der Kaiserstraße, das jetzt von einem freundlichen alten Friseur benützt wird, schrieb indes ein Herr namens Meyer, der sich dann später Lenin nannte, jenes berühmte Buch, das nachher die politische Bibel von vielen Millionen Menschen wurde.

Heute ist es längst still geworden in diesen Gassen und Straßen um die leise verbröselnde Akademie. Verschwunden ist auch die seltsamste Künstlerpension Europas »Bei Papa Fürmann«, deren Zimmer so winzig waren, daß die Dichter und Denker drinnen ihre Pfannkuchen höchstens senkrecht verzehren konnten. Vergessen ist der kleine

Tabakladen des großen Ringelnatz, von dem er eines Tages, als das Geschäft nicht mehr ging, einfach die Türe aufließ, um nie mehr zurückzukommen. Vorbei sind die Tage, in denen der letzte Bürgermeister der Traumstadt Peter Paul Althaus einem Fremden, der ihn am Bahnhof nach Schwabing fragte, einfach erwidern konnte: »Wenn Sie mit mir reden, sind Sie bereits in Schwabing.« Und der dann, bevor er sein geliebtes Wahnmoching vor zehn Jahren für immer verließ, von diesem Stadtteil, der längst nur mehr aus Nepp, Neon und Nutten besteht, resigniert feststellen mußte:

> »Früher war Schwabing das Herz der Welt gewesen.
> Heute ist es sein Unterleib geworden.«

Die Bachauskehr

Eines Tages sagte der Mann an der Schleuse zu den zahlreichen Münchner Stadtbächen: »Raus mit eich!« Und da
half dann kein Plätschern mehr und kein wehleidiges
Murmeln. Da ging es ihnen genauso wie dem Tapezierer
Zinsbürstl, wenn seine Alte stöberte. Der brauchte sich
auch nicht mehr eher sehen lassen, bevor nicht alles sauber
war. Und irrte wie ein Heimatvertriebener durch die
Stadt. Nur natürlich nicht gerade in fremden Betten, wie
es die Bäche in dieser Zeit taten.

Höchste Eisenbahn war's wieder einmal. In der leeren
Liegestatt der minderjährigen Flüßlein schaute es aus wie
im Flohweiher eines Landsturmfuriers.

Und leere Schnapsflaschen natürlich. Und dort die
emaillierte Waschschüsseltasse, der Infanteriespatenlöffel
und der Stahlhelmeierbecher. Sah aus wie ein Gastgedeck
für den Froschmann Crabb. Der hatte anscheinend wieder
einmal im Bett gefrühstückt. Weiter vorne, wo sich der
nasse, faule Bruder immer so stark auf die Seite legte,
brauchte sein Bett dringend das Aufrichten. Da schaute ja
schon das ganze Seegras heraus aus seiner Steinmatratze.
Höchste Zeit, höchste Zeit.

Dann war's aber auch höchste Zeit für einen Münchner Gassenbuben, für den eine Bachauskehr das gleiche bedeutete wie für seine Mama der Ausverkauf oder für den Papa die Versteigerung im Fundbüro. Da witterten die Bürscherl billige Gelegenheiten, Entdeckerwonnen kitzelten ihre Phantasie, und das Abenteuer lockte sie wie einst Sindbad den Seefahrer oder den ehrwürdigen Eierspecker Christoph Columbus. Und es zogen dann die kleinen Vorstadtvagabunden den Fluß hinauf und hinunter wie weiland die tapferen Goten und wären gar nicht besonders überrascht gewesen, wenn sie in dem geheimnisvollen Bett des Glockenbachs tatsächlich den König Alarich mitsamt seinem Streitroß gefunden hätten.

Der Gigelberger-Adi, als bekannter Spezialist für solche Unternehmungen, hatte den alten Waschstrick der Mutter mitgenommen, und sein Spezl, der Sonnenglanz-Lullu, schleppte eine ausgediente Gießkanne, die nur zwei winzige Löcher hatte, hin zum leeren Kiesmatratzenlager. In diesem herrschte eine Ordnung wie im Bett der schlampigen Barfrau Heidelore, in dem ihre Hausfrau auch immer Brotbrösel, Orangenschalen und Haarspangerl genug fand. Nur daß in der verwaisten Liegestatt des Glockenbaches noch ganz andere Raritäten verborgen waren. Besonders an den kleinen Brücken und Übergängen und in den dunklen Gruselschluchten, wo der »Canale piccolo« unter den Häusern durchschlüpfte, da wohnte der Gewinn und der Profit für einen jungen Asphaltdigger. Denn was wurde nicht schon alles heimlich und in dunkler Nacht über so ein Brückengeländer dem schweigsamen Flüßchen anvertraut. Alte Radelrahmen, welche die Aschentonnenmänner ablehnten. Gewehre überdrüssiger Landsturmsoldaten, geisterbleiche Hirschgeweihe, halbe Nähmaschinenschwungradl oder von schurkischen Spitzbuben geraubte und brutal entleerte Dienstmädchenhandtaschen. In den

Tunnels aber, wo die eisernen Rechen den Bach durch-
kämmten, fanden sich auch die Brillengestelle und Zahn-
prothesen der Sommergäste vom nahen Familienbad. Pla-
stikfußbälle konnten da geborgen werden, entschwomme-
ne Gummifabeltiere und seltsame Alraunenwurzeln, die
ausschauten wie die Wünschelruten tückischer Zauberer.

Sachlich meldete der Lullu mit dem Waschstrickerl als
Rettungsleine um die minderjährigen Lenden aus dem
dunklen Kaltwasserstollen seine Entdeckungen: »A Radl-
kett'n«, »a Marmeladenkiwi«, »a Wärmflasch'n« und »au
– ui – Hilfe«. Blitzschnell zogen ihn seine Freunde wie
vereinbart ans Tageslicht, und der Lullu schnatterte vor
Furcht wie eine Karfreitagsratschn. »A Ratz war drunt«,
stotterte er käsebleich. »A soichas Trumm scho, sogi eich.
Und ogschaugt hod a mi mit seine gelbn Aug'n grod wia
unsa Hausmoasta.«

In der Schilderung des kleinen Höhlenforschers wurde
dann der graue Kloakennerz so groß wie ein dreijähriger
Dobermann. Doch als das schreckliche Nagetier schließlich
keinen Gesprächsstoff mehr abgab, beschloß die Expedi-
tion, sich noch dem Fischerlfang in den verbliebenen
Lackerln und Tümpelchen zu widmen. Die halbsteifen
Taschentücher wurden eingeweicht, sachgemäß an den vier
Zipfeln genommen und so als winzige Netze einfach auf
Verdacht durch die trüben Pfützchen gezogen. Aber die
Ausbeute ließ lange auf sich warten. Meistens war in den
Schneuztücheln nix drin wie ein paar Fransen Moos oder
höchstens ein schlüpfrig-grauer Kiesel. Bis dem Kapitän
Zitzelsberger endlich der große Fischzug gelang und ein
daumenlanges verzweifelt schnalzendes Fischlein in seiner
Textilreuse zappelte. Schnell wurde der arme Abwasser-
lachs in die Gießkanne umquartiert, und im Laufschritt
ging es mit der Beute den heimischen Gefilden zu. Als fast
kein Wasser mehr in der nässelnden Überführungstonne

war, entbot sich der uneigennützige Wendl Ossi, aus eigenen Beständen etwas nachzufüllen. Aber der Lullu gab zu bedenken: »Des is zwoaraloa Flüssigkeit, des werd des Fischerl net überschteh.«

Daheim vertrauten die jungen Petrijünger ihren Fang dem Regenfaßl im Zitzelsbergerischen Heimgarten an und standen noch lange und stolz um ihren Liliputwaller herum. Nachts träumte der Adi dann davon, daß er seinen feuchten Kostgänger so lange füttern würde, bis er ihn zum Oktoberfest als Steckerlfisch schlachten konnte. Um diese Zeit aber hatte das armselige Bürschlingbürscherl seine gedankensplittergroße Seele bereits ausgehaucht. Gerade als er sich nämlich anschickte, sein kleines silbernes Bäuchlein dem großen Ewigkeitsamen zuzudrehen. Da holte ihn noch rasch zuvor die hungrige Heimgartenamsel.

Als der Adi sich aber dann am nächsten Morgen ein neues Fischerl holen wollte, räkelte sich Freund Wassermann bereits wieder in seinem Bett. Der Mann an der Schleuse nämlich hatte das Rad zugedreht. Und bis zum Uferkinn war der Bach mit der grünen Steppdecke zugedeckt. Denn es wurde schön langsam auch kalt. Ach.

Verklungenes Hufgeklapper

Auch der brave Konrad lebt schon längst nicht mehr.
Gemeint ist natürlich nicht jenes legendäre zähe Pferd aus
Bonn, das einst den deutschen Karren wieder aus dem
Dreck zog. Und das bekanntlich so alt wurde, daß seine
Widersacher meinten, man hätte in seinem Nachruf nicht
schreiben sollen: »Gott dem Herrn hat es gefallen, seinen
treuen Sohn zu sich zu holen«, sondern: »Gott dem Herrn
ist es gelungen...« Nein, mit dem Konradl ist ein sie-
benundzwanzig Jahre alt gewordener Apfelschimmel
gemeint. Nämlich der letzte Münchner Rollfuhrgaul.
Obwohl die beiden Zugpferde aus Bonn und aus München
in ihrer Ruhe und Unverwüstlichkeit schon vieles gemeinsam hatten. Besonders wenn sie lachten. Und pingelig
waren sie alle zwei nicht.

Pünktlich wie ein Maurer beim Brotzeitmachen stand
der Konrad jedesmal um fünf Uhr vor dem kleinen Obst-
laden in der Burgstraße und scharrte und schepperte mit
seinem Geschirr. Kam dann die weißhaarige Inhaberin
mit einem mürben Apfel noch immer nicht heraus aus
ihrem Suppengrünbazar, dann machte der wuchtige
Mustang einen Schritt aufs Trottoir und sperrte es mit der
quergestellten Deichsel einfach ab, so daß die Fußgänger

zu einem Umweg um das Fuhrwerk genötigt waren. Ein
paar murrten wohl auch, aber die meisten besannen sich
schnell und tätschelten den »Traktoren mit Ohren« vor-

sichtig auf seinen seidig gestriegelten Kofferraum. Ein einziges Mal hatte ein Schutzmann versucht, die Deichsel wieder geradezubiegen, da aber stupste ihm das Roß mit seinem Schaumgummimaul einfach die Dienstmütze vom Kopf, die er dann unter dem Gelächter der Umstehenden lange mit dem blauen Ärmel seiner Uniform wieder abputzen mußte.

Nach dem Apfelfrühstück kam eine junge Verkäuferin aus dem Kaufhaus an der Ecke mit einer Schuhschachtel, in der sich die Reste der eingesammelten Frühstückssemmeln befanden, anschließend der Inhaber einer Wurstbraterei mit einer aufgeplatzten Pfälzer und schließlich ein Konditormeister mit weißer Mütze und einem zerbröselten Marmorkuchen. Der Conny war nämlich ein Allesfresser. Auch das Rotkäppchenkörberl mit frisch gepflücktem Radlweggras, das eine Abgesandte des nahen Kindergartens brachte, fraß das Rößlein schon aus reinem Anstand leer. Doch um zwölf Uhr schlug ihm dann seine Spezialstunde. Denn da strich ihm der Gehilfe einer Wachszieherei jedesmal die Deichsel mit Tröpferlhonig ein. Daraufhin hobelte der Konrad mit seinem Maul lange wie ein Mundharmonikaspieler über die Stange. Vielleicht spielte er darauf eine Melodie aus Cavalleria rusticana.

Nun hatte das Rollfuhrgefährt auch häufig die Münchner Schnapsler mit Spirituosen zu beliefern. Und eines Tages fiel dem Kutscher beim Abladen ein kleines Faß Rum vom Wagen. Da hatten sie alle zwei zusammen einen schönen Rausch. Darauf trabte der Konrad, der seinen Herrn oft, wenn er auf dem Kutschbock eingeschlafen war, anstandslos durch die Straßen heimwärts zog, vor die Stallung einer großen Brauerei. Denn dort stand, das wußte er, sein g'schlamperts Verhältnis, die Fuchsstute Monika. Und sogleich begann der Konrad ein sündiges Verlangen an die Stalltüre hinzuwiehern. Doch prompt tönte es zurück: »Ja schamst di denn du gor net. An am hellichtn Werktag so wos zum verlanga. Do kommt doch nia wos G'scheits raus dabei.« Und da irrte sich die Monika gleich zweimal. Denn erstens war es bereits stockfinster und zweitens wollte der Konrad ja gar nichts G'scheites herausbekommen dabei, sondern eher was hinein.

Hoffentlich hat man wenigstens einen Fiedelbogen aus den schönen Schweifhaaren des dahingeschiedenen Cavallo gemacht. Um ihm damit zum Andenken manchmal das passende Lied zu spielen: »Der oide Schimml is im Himml.«

Ballade vom Feuerlmachen

Lange stand der alte Mann auf der »Brücke zum Jenseits«, wie er den himmelhohen Flußübergang bei Großhesselohe öfters nannte und schaute hinunter auf die Kiesbänke. Dort, wo manches verpfuschte Leben endete. »Wie das wohl sein mag«, dachte er ein paarmal, »in diesen letzten zwei Sekunden?« Denn er hatte es ausgerechnet, wie lange so eine Reise ins Endgültige von hier heroben dauern würde. Doch dann wurde er von seinem Sinnieren durch eine kleine Mückenwolke abgelenkt, die direkt vor seiner Nase auf und nieder schwebte. »Das ist auch so was«, fing er wieder zu träumen an, »wer dirigiert wohl den ganzen Pulk, wie heißen die lächerlichen Viecherl, und haben diese winzigen Geschöpfe vielleicht auch eine Gallenblase, die sich entzünden kann wie die meine?« Wie er dann einmal tief einschnaufte, hatte er plötzlich so ein fliegendes »I«-Tüpferl miteingesaugt und mußte schrecklich husten. »Eine Unverschämtheit«, schimpfte er danach, wie er ein bißchen Luft kriegte, und er überlegte, daß man den Ozon, den man so wo einatmete, vorher eigentlich durchseihen könnte. Dann müßte man nicht husten.

Jetzt stiegen von den Heimgärten drüben ein paar

Rauchwolken senkrecht empor. Aha, da werden die Gartler wahrscheinlich ihr Kartoffelkraut verbrennen, welke Lianen ihrer Feuerbohnen und ein paar vertrocknete Dahlienstöcke. Ob sie das wohl auch deshalb so gerne taten, weil diese alten Kindsköpfe genauso wie er auch als Gassenbub immer irgendwie ein kleines Feuer angezündet hatten. Trotz der warnenden Struwwelpeterverse und des Lesebuchgedichtes: »Messer, Gabel, Scher' und Licht – taugt für kleine Kinder nicht.« Als nun der sanfte Spinner auf dem hohen Viadukt schließlich weiterträumte, kam ihm seine Erinnerung direkt aus und machte einen riesigen Sprung zurück zu irgendeinem Spätherbsttag in den zwanziger Jahren.

»Host as«, fragte er damals seinen Freund, den Hingerl Schole, und dieser nickte. Die Hosentaschen vom Schole waren voller Kartoffeln, die sie in einem Feuer braten wollten, zu dem sein Spezl daheim vom Kellerkerzenleuchter die Zündhölzer gezwickt hatte.

Auf der großen Wiese neben dem Sägewerk lagen alte Dachpappen herum und auch eine rot gestreifte Matratze. Mit dem Papier des mitgebrachten Schweinefettbrotes heizte er an. Ein Tomatenkistl und der dürre Abfall der gestutzten Eisenbahnhecke waren das weitere Brennmaterial. Dann kam der Schellerer Heini und der hupfende Jackl, und die brachten ein Trumm von einer Gartenplanke mit. Und auf einmal waren sie zu sechst.

Der Heini warf ein paarmal eine Handvoll Roßkastanien in die Glut und wartete, bis es diese Rheumatismusäpfel mit einem dumpfen Schnalzer zerriß. Dann fingerte er die Alleebaumfrüchte wieder heraus und probierte eine jede einzeln. Er hatte nämlich die Vorstellung, daß so ein Kastanienbaum aus reinem Zufall auch einmal eine richtige Maronefrucht tragen könnte. Aber immer waren es nur Roßkastanien, in die er biß. Und da begriff er, daß sich ein Baum niemals irren würde. Und deshalb auch keine Kirschen auf einer Eiche wachsen könnten.

Es dauerte nicht lange, und das Feuer hatte die Ausmaße eines ausgewachsenen Zimmerbrandes erreicht. Zu dritt schleppten sie die Matratze in die Brunst und warfen auch noch ein paar wuchtige Teerbrocken vom nahen Straßenaufbruch dazu. Dann aßen sie stolz ihre Kartoffeln, die so schwarz und geschmacklos waren wie Eierbriketts. Als die Flammen schließlich nibelungenhoch züngelten, kamen ein paar Gestalten über die Wiese. Ein Schande war auch dabei. Da kriegten die Buben das große Heimweh. Und schnell verschluckte sie der Nebel.

Er selber wohnte bei seiner Großmutter, die schon schlief. Geräuschlos schlüpfte er in seine Kammer, zog sich aus und rutschte unter das kühle Plumeau: »Gell«, sagte er dann zu ein paar unsichtbaren Zeugen, »ihr wißt es selber, der Schole hat die Zündhölzer gehabt, ich nicht.« Und dann schlief er, ohne auf die Antwort seines Gewissens zu warten, ein und hörte nicht einmal mehr die schrille Glocke des Feuerwehrwagens.

Erinnerung an einen Lehnstuhl

Insgesamt hatte der unverwüstliche Tanz-Fan wohl drei-
tausend Stunden darin gesessen: in dem alten Lehnstuhl
nämlich, vor dem er jetzt leise lächelnd stand. Es war kein
klassischer Ohrenbackensessel oder Barockstuhl gewesen,
sondern eher ein Mittelding zwischen Chippendale und
Isartal. Die Schnörkelköpfe seiner Armstützen waren vorne blank wie die Nasen der beiden Löwen vor der Resi-
denz. Und das Muster der Phantasieblumen, die kein
botanisches Lexikon verzeichnet, von Hundert-heißen-
Hosen-Hintern abgewetzt. Den linken vorderen Fuß
ersetzte eine Prothese, die mindestens schon fünfmal
erneuert worden war.

Wohl ein Vierteljahrhundert lang hatte allein der
Betrachter bei jedem Fünfuhrtee in diesem Katapult der
süßen Erwartung gehockt. Und nun war dieser Schleuder-
sitz aus der Zeit seiner Kirschen mitverkauft worden.
Zusammen mit dem ganzen Paradies seiner Tangoselig-
keit, dem Regina-Palast-Hotel. Und dort, wo er und alle
seine Spezl, die längst der Wind der rauhen Jahre verweht
hatte, einst den sanften Irrsinnstanz der Derwische aufs
Parkett legten, werden in Zukunft die Beamten einer Ver-
sicherungsgesellschaft ihre sterilen Aktenstöße hinlegen.
Und statt der Wehmutschalmeien eines Teddy Stauffers

geben schrille Telefone den Ton an. Und ein ungeheuer geistreiches Schwachstromgeflüster erfüllt gewiß den einstigen Ballsaal: »Ja bitte, hier spricht die Lebensversicherungsgesellschaft Letzter Hieb.«

Ach, und auch an den braven Oberkellner Schmählich mußte der einsame Gast dabei denken, der den arbeitslosen, mit einer falschen Parole im Schlips und auf Mylord gequälten Nachmittagsgigolos immer eine volle Dose mit Zuckerstückchen hinstellte. Meister Schmählich selber aber trug das magere Trinkgeld mit Windeseile hinüber zum nahen Buchmacher, um es auf jene Pferde zu setzen, die mürrisch und stur immer hinten nachliefen, statt an der Spitze zu sein, wo sie nach Meinung des alten Cafékulis hingehörten.

Wenn aber einer von der Tafelrunde der Nichtsnutze und Gigerl Glück hatte, so bekam er vielleicht sogar einen Biß bei der kleinen großäugigen Kuchenverkäuferin Susi oder der Zigaretten-Lili. Und dann hinterließen sich diese Liebesleute immer ein paar hochinteressante Zeilen auf der hölzernen Platte des kleinen Cafétischchens. Da stand dann nämlich unter der weißen Decke vielleicht so eine rätselhafte Mitteilung wie diese: »Tante Rosa kommt einfach nicht. Was tun?«

Der Mann aber, der in stiller Erinnerung vor dem gepolsterten Stützpunkt seiner wirren Jugend verharrte, hatte auch einmal ein recht trauriges Abenteuer mit ihm. Da gab es nämlich eine Fünfuhrtee-Schönheit, die sah genauso aus wie Winnetous Schwester, und sie wurde deshalb auch nur Nchotschi genannt. Angeblich wohnte sie sogar im »Regina«. Und weil er damals gerade das graue Fell vom Gehsportverein A. H. tragen mußte, versuchte er es bei ihr einmal mit einer schwermütigen Siegfriedmasche, indem er ihr andeutete, er würde ja wahrscheinlich sowieso bald nach Walhalla müssen.

Und tatsächlich: Eines Tages schien ihn die schweigsame rote Prinzessin erhört zu haben, denn sie versprach ihm, eine kleine Nachricht hinter den Polstersitz seines Sessels zu stecken. Doch dann fielen gerade an diesem Abend viele böse Sachen auf die schöne Stadt München und auch auf das »Regina«. Erst ein Jahr später, als er wieder auf Urlaub kam, erfuhr er, daß es seit dieser Nacht auch Winnetous Schwester nicht mehr gab. Der alte Sessel aber stand noch immer da. Und im Polsterschlitz steckte ein zerknitterter Zettel, mit dem etwas theatralischen Satz vom Alten Fritz: »Tadelt nie die Taten der Soldaten. Leute, die da sterben sollen, sollt ihr lassen, was sie wollen. Laßt sie trinken, laßt sie küssen. Wer weiß, wie bald sie gehen müssen.« Und darunter noch ein kleiner Zusatz: »Montag, 11 Uhr, Zimmer 204, Nchotschi.«

Und noch so eine etwas makabre Geschichte wußte das Personal von dem wackeligen Sitzveteranen zu berichten. Da war im vierundvierziger Jahr nämlich einmal eine Versammlung von Ritterkreuzträgern im »Regina«. Und wieder gab's Fliegeralarm, worauf ein Oberst seine hochdekorierten Recken um sich versammelte, um sie in einen Splittergraben der gegenüberliegenden Anlage zu führen. Nur ein junger Leutnant hatte sich absondern können und vertraute sein Geschick dem vierfüßigen Kameraden an. Und dann fiel das Unglück wieder vom Himmel und wischte die versammelten Helden der großen Nation in ihrer Erdritze einfach weg. Nur der kleine »wurschtige« Leutnant im Lehnstuhl blieb übrig.

Lange noch verweilte der Besucher nach diesem Ausflug ins Vorgestern in der dunklen Hotelhalle. Als er aber sein kleines Requiem für einen Lehnstuhl beendet hatte, trat auf einmal die silberhaarige Marianne Volkhardt neben ihn hin und fragte, ob er den Teestundenpatriarchen nicht als Andenken mitnehmen möchte. Gerne nahm er dieses

Anerbieten an. Und er versprach der Lady auch noch, ihm in seiner still gewordenen Kemenate ein würdiges Gnadenbrot zu geben. Nämlich: jedesmal zu diesem Jahrestag eine Handvoll frisches Seegras.

Du Schwert an meiner Linken

In jener Zeit, als die Osterhasen noch keine ferngesteuerten Schlachtschiffe und vollautomatische Eisenbahnen legten, sondern ganz gewöhnliche bunte Eier, lag manchmal in dem grünen Papiernest eines Buben auch noch ein Taschenmesser. Jener Balmung der Kindheit, den sich ein richtiger Randsteinläufer bestimmt sehnlicher erwünschte, als heute vielleicht ein verzogenes Herrschaftskind einen adeligen Königspudel. Meistens war es nur ein einfaches schwarzes Messerchen, manchmal auch noch eines mit glatter, schimmernder Perlmutthaut. Und ganz selten vielleicht ein kombiniertes mit zwei Klingen und hinten einem Korkzieher, einer kleinen Säge oder gleich gar einem Pfeifenstopfer.

Wer aber nun vielleicht meint, ein solches Instrument hätte doch nur einen Wert für starke Tabakraucher gehabt, der vergißt ganz, daß ein richtiger junger Asphaltcowboy jeden Herbst ebenfalls unter die Paffer ging. Und mit Todesverachtung das würzige Buchenlaub aus der kleinen, selbstgeschnitzten Kastanienpip oder der feierlichen Friedenspfeife schmauchte. Was den Korkenzieher anbelangte, so war der ebenfalls hochgeschätzt. Denn wenn beispielsweise die Mama ihre Essigflasche nicht aufbrachte – wer sprang da flugs herbei, klappte den gewundenen Haushaltsbohrer auf – und schwupp, heraußen war der Stopsel. Oder auch nicht. Und was gab's dann für so einen braven Buben? Viel Streichelei über den Wasserscheitel und mitunter sogar ein Marmeladenbrot extra.

Das Taschenmesser wurde vielfach auch an einer langen Kette getragen, die deutlich sichtbar war und deren oberes Ende am Hosenträger befestigt wurde, während das andere in die dunkle Hosentasche, den Tresor der Kindheit, mündete. Es war zum Pfeiferlschnitzen, Griffelspitzen, Rindenschifferlaushöhlen und ganz besonders zum Abschneiden von jungen Gerten, mit denen doch die Köpfe der Brennessel abgeschlagen werden mußten, einfach unentbehrlich. Aber auch schöne Marschierstecken konnte man beim Maiausflug damit schneiden und dann die zarte grüne Rinde mit sinnigen Spiralmustern und Ringen versehen. Ganz abgesehen davon, daß man selbstverständlich das Pausebrot nun nicht mehr mit gierigen Milchzähnen herunterbiß, sondern in saubere, gleich große Würfel schnitt und dieselben unter den mißgünstigen Augen der minderen waffenlosen Mitschüler verzehrte. Ja, sogar daheim am häuslichen Mittagstisch erklärte mancher Sprößling mit scheinheiligem Blick: »Mama, bitt scheen, wenn es mit meim Taschnmessa schnein deaf, nachha iß i des Fette vom Fleisch a mit.« Und eine hohe Ehre war es dem winzigen Klappschwertträger, wenn irgendein Onkel oder Bekannter auf dem Oktoberfest oder im Bierkeller sein angebotenes Taschenmesser annahm, um damit den Kas oder das Brathendl zu tranchieren.

Ein braver Jungmann schnitzte außerdem damit auch Späne zum Ofenanheizen. Wenn er aber dann in den dunklen Keller mußte zum Kohlenholen, so trug er seine Waffe aufgeklappt in der schweißnassen Rechten. Jederzeit bereit, die schwarzen Diamanten gegen schurkische Räuber und Diebe bis zum letzten Blutstropfen zu verteidigen. Gurgelte jedoch in der Nähe ein Hafen mit eingelegten Kalkeiern, so konnte es allerdings passieren, daß Jung-Siegfried seinen Solinger Kameraden vor Entsetzen einfach fallen ließ. Nur gut, daß er dann wenigstens an der Kette hing und die im Dreisprung genommenen Kellertreppen nachschepperte.

Ferner gab es da auch noch ein Spiel, das den jungen Dolchbesitzern ganz allein vorbehalten blieb. Das »Messerln«. Dabei mußte das kleine Hosentaschenflorett von der Zeigefingerspitze aus oder durch die gespreizten Fünflinge im Salto oder freien Wurf immer mit der Spitze voraus in der weichen Erde steckenbleiben.

Wenn der wehrhafte Hinterhauspage schließlich am Sonntag mit der Mama spazierengehen durfte, so achtete er streng darauf, daß er ja an der linken Seite marschierte. Dieselbe, an der ihm seinerseits das lange Kettengehänge aus der Tasche baumelte. Denn er wußte ja bereits, daß schon die alten Ritter und Recken hier ihre blitzenden Schwerter und Degen getragen hatten. Und daß die Dame deshalb seither rechts vom Herrn gehen mußte. Damit derselbe nicht etwa über seinen eigenen Säbel stolperte.

Geliebtes Biermöpserl

Da geht es hin und kommt nie wieder. Das geliebte, wackere Biermöpserl oder das Wassermadl, wie es in den wenigen alten Cafés noch hieß. Weil doch seine Hauptaufgabe darin bestand, den alten Tritschlern, die dort Karten oder Billard spielten, mindestens 40 Tassen frisches Wasser zu ihrem einzigen Haferl Kaffee zu servieren.

Das »Biermöpserl« oder das Kellnerinnenlehrmädchen, wie man auch sagen könnte, wurde meistens von einer Tante oder anderen Blutsverwandten, die in den Großgaststätten und in den Bräus als Bedienung arbeiteten, an die Servietten und den Maßkrugspültrog geliefert. Es hieß Annerl, Sopherl, Reserl oder endete sonst mit irgendeinem »erl«. Seine Grundausbildung bestand darin, den Gästen aus dem Mantel zu helfen, den Stuhl zurechtzurücken und mit der Serviette etwas darüber zu wedeln, die Bierfilzl aufzulegen und die Speisenkarte bereitzuhalten. Das Annerl durfte dabei auch von dem ältesten Stammgast noch nicht am Hinterquartier getätschelt werden, weil das nur der Stammkellnerin zukam. Das Ausleeren der Aschenbecher wurde von dieser aus dem Hintergrund mit den Augen ferngesteuert. Ebenso das Feuergeben, wenn ein Bierdimpfl »unter Dampf ging« und seine Virginia aus dem Schachterl herausfieselte. Später, im zweiten Jahr, durfte das mollige Kind auch schon die Suppe eingießen und »guten Appetit« wünschen. Zu dieser Zeit hatte das Madl meistens auch bereits einen Spezl oder Freund, der es abends auf der Radlstange nach Hause fuhr. Das war zwar etwas hart, aber so ein »Biermöpserl« stand meistens recht gut im Futter und vertrug deshalb auch noch ganz andere Stöße. Jeden Tag um halb zehn Uhr abends war bei ihr »Maria Empfängnis«, denn dann sagte sie mit der

Andeutung eines Knickses, der meistens wie der verunglückte Absatztrick eines Fußballers ausfiel, an jedem Tisch züchtig »gute Nacht« und hielt ganz unabsichtlich die leicht transpirierende Hand hin, in welche dann allerlei Erz vom Messing aufwärts klimperte.

Ein Münchner »Biermöpserl« trug grundsätzlich Schwarz. Und zwar nicht nur vom Hals bis zu den Lauf-

sohlen, sondern auch noch darunter. So feuerte zum Beispiel ein Großwirt in München kurz nach der »Niederlage
II« alle seine Möpschen, weil sie ohne dunkle Strümpfe
zur Arbeit kamen. Ja, streng waren damals die Bräuche.
Da jedoch schwarze »Halbseidene« kaum zu kriegen
waren, strichen sich die jungen findigen Dinger einfach
ihre Wadl bis zum Ursprung hinauf mit Stiefelwichse an.
Geschehen Anno domini 48.

Und so wuchs also nun das »Annerl« heran, wurde
schließlich zur Kellnerin »Anni«, um eines Tages als die
alte »Anna« den Maßkrughenkel für immer auszulassen.

Außerdem hatte eine richtige Münchner Kellnerin nicht
nur weiche Stiefel, sondern fast immer auch ein solches
Herz. Vielleicht blieb sie deshalb auch vielfach ledig.
Denn schon als blutjunge Handlangerin hatte sie einen lieben Freund, der sie ein bißchen schüttelte. Und es fielen
ihr dann meistens auch mühelos ein paar Trinkgelder aus
der traditionellen Geldtasche, die sowieso nur ganz leicht
verschlossen war. Später vertraute sie mit Gewißheit
irgendeinem scheuen Studiosus, der halt gar so arm dran
war, daß sie sich das genossene Schweinsbratl einfach nicht
zahlen lassen konnte. Und so fütterte dann eine Minna
oder Thea gut und gern in ihrem Zubringerdasein drei bis
vier Studenten bis zum Doktor durch, um dann schnell
mitsamt den lauen Versprechungen eines späteren Lebens-
bundes vergessen zu werden.

Einen schwarzen Bischof aus Uganda hatte die Anna
wohl auch einmal bedienen dürfen und die Dingsda, die
Filmschauspielerin Henny Porten, von der heute fast niemand mehr was weiß. Ferner kamen auch indische Damen
mit schwarzen Konfettiplättchen auf der Stirne, vielleicht
auch der Löwenmensch vom Oktoberfest, dessen Lieb-
lingsspeise ausgerechnet Salzburger Nockerl waren, die ein
echter Leu niemals fressen würde. Und in den braunen

Jahren hätte sie einmal beinahe »ihm selber« servieren müssen. Aber ein blondgelockter Parteikellner nahm ihr die bestellte Limonade aus der Hand und gab ihr mit abgewandtem Blick im allerhöchsten Auftrag eine Mark Trinkgeld.

Im Alter war dann für die Münchner Kellnerin fast immer irgendein Kusinchen oder Nichterl da, für welches die gute ehrliche Fischhaut ihren kleinen Geldregen sammelte und auf »d' Sparkass'« tat. Darum blieben so einem Brotzeitdampfer am Ende seiner Tage eben meistens nicht viel mehr als ein paar ausgelatschte Ringkämpferstiefel, zwei zerquälte Spreizfüße, eine Handvoll falscher Geldstücke und die Erinnerung, die jedoch dann längst genauso grau geworden war, wie sie selber.

Turmstube zur alten Zeit

Seit 1337 steht der rechte Isartorturm nun bereits Wache. Sechshundertneununddreißig Jahre. Verwegene Raubritter haben ihn schon häufig berannt, aber auch wimmernde Mopeds. Doch immer noch steht er, obwohl man ihn sogar unterhöhlt hat, so unerschütterlich im brodelnden Verkehrsstrom wie der Georgenstein im reißenden Isarfluß. Doch von den schmalen Zinnen schaut heute kein Reisiger, kein Stadtsoldat und auch kein Landsknecht heraus ins weite Land, sondern nur noch die Tauben, die dem alten Söller leider auch immer wieder einen ungewollten Anstrich verpassen, sitzen auf den schmalen Giebelplatten, aufgereiht wie die Kugeln einer Zählmaschine.

Im Turmcafé hängen von der Decke, mühsam glitzernd, im Zigarrenrauch namhafter Konzertcafés erblindete Kristallüster. Eine Kaffeemühle für acht bis zwölf Personen, das verwitwete Biertragerl eines Dreiquartelprivatiers und ein verwaistes Vogelhäusl baumelt auch vom gekalkten Himmel hernieder. Marmortischerl stehen herum. Eins davon stammt sogar noch aus dem berühmten Café Größenwahn. Groß wie ein Ölofen ist das Prachtstück der alten Pfeifensammlung an der Wand. So groß, daß man aus ihr so einen dürren Stengel wie den Karl Valentin leicht hätte rauchen können. 1843 steht auf einer. Die ist also aus der Zeit, wo das Rauchen in München auf öffentlichen Straßen und Plätzen noch gar nicht erlaubt war. Damals gab es deshalb zwei eingeschriebene Rauchclubs. Einen akademischen und einen bürgerlichen. »Zum Koch in der Höll« hat das Lokal mit vollem Recht geheißen, in dem sie pafften.

Auf den Haken der Holzlamperie ringeln sich die Zeitschriften der Jahrhundertwende. Die Meggendorfer Blätter, die Fliegenden und der Simpl. Mit Bildern und Zeichnungen, die sicherlich heute »geahndet« würden. Hinten im Inseratenteil werden Mittel empfohlen. Gegen bleiche Wangen, Damenbart und Schüchternheit. Auch für stramme Bartbinden, Leberfleck -und Sommersprossentinkturen suchte man Abnehmer. Und »böse Träume« vertreibt Jonas Siebenzehnriebel. Alles gegen Voreinsendung.

Volkssänger schauen dich an. Porträts und Gruppenaufnahmen mit starrem Belichtungsblick oder retuschierten Blinzelaugen. Dort die alten Niewiedererreichten. Der Papa Geis, Hesselschwerdt, Helmstätt, Karl Maxstadt und Papa Schmidt. Damenkapellen, Imitatoren und Soubretten, den Rock tollkühn bis zum Wadenbein gelüftet. Und daneben der Nachwuchs. Die jungen Trübsinndompteure, Blädl, Peukert, Michl Lang, Ehbauer, Paulig. Und jeder der alten Besucher hat sie besser gekannt als der andere: »Wissen S', i wenn red'n dad. Romane kannt i schreib'n über den.« Aber sie tun's nicht.

Dazwischen bimmelt die Büfettglocke. Schmalznudeln werden serviert. »Ausgezogene.« Vielleicht von der Wirtin eigenhändig übers Knie gezogen. Rentner, Tritschler, begeisterte alte Münchner schnaufen immer wieder im Alleingang daher. In einem Wandschrankerl stehen Kaffeehaferl mit güldenem Rand. Und verblichenen Aufschriften: »Vergiß mich nicht«, »Zur Erinnerung an unsere

Liebe«, »Malwine gewidmet«. Ganz Bevorzugte kriegen so eine Vergißmeinnichttasse. Und dann brocken sie ihre Nudeln hinein. Und kichern leise. »Ja, des is hoid a Gmiasal.« Aus verstaubtem Gladiolenhals spielt dazu zögernd das uralte Grammophon. Die Toselli-Serenade, den Mussinan-Marsch oder das Blim-Blim des »Bienenhauses«. Manchmal zupft die Alte eine schläfrige Zither: »Doktor Guuuden, der wollt helfen.« Dann wackeln sie wichtig wissend mit den Köpfen.

Aber sonst sitzen sie auf den altmodischen Kaffeehausrohrstühlen und sagen: »So, so«, »Ja, wos Sie net song« und »Feid si nix.« Oder sie schauen der Hildegard zu. Der Kellnerin. Wie sie mit Tellern und Tassen hantiert, neue Bestellungen an die Tische bringt und die Bierfilzl auflegt. Früher, als die alte Anna noch bediente, die jetzt nur mehr in der Küche mithilft, gab es noch die braunen Bierfilzl, die zum Trocknen aufgestellt wurden wie Kartenhäuser.

Manche dösen und nicken auch ein bißchen. Dort der Grauschimmel zum Beispiel. Der an dem Tischerl sitzt, auf dem eine Bronzegöttin mit wehrhaftem Stoßdämpferbusen eine milchige Obstschale emporhält. Der hat seinen Kopf ganz schief auf eine Seite geneigt, damit die Erinnerung ein bisserl zusammenlaufen kann. Am Ende ist er gar ein wenig eingeschlafen.

Mäuschenstill wird's jetzt, denn nun ertönt Valentins Ententraum: »Ja, wia konnst mi denn du aufwegga, wo i grod so an scheena Dram dramt hob'«, zürnt der lange Wortklauber. Da fährt auch der Silberkopf hoch und schaut mit vorwurfsvollen Dunselaugen herum. Aber dann lächelt er schnell. Denn sein nickender Kopf war wirklich nicht mehr weit von der harten Tischplatte weggewesen.

Der Vale

Eigentlich habe ich den Karl Valentin zweimal kennengelernt. Das erstemal als winziger Rotzglöckner durch meinen Vater, der den »langen Faden«, wie er den Komiker
manchmal nannte, sehr liebte. Wenn wir ihm begegneten,
sagte mein Alter zu mir immer: »Jetzt sog schee Grüß
Gott.« Und dann schenkte mir der komische Mann mit
der langen Bratwurstnase immer irgend etwas Komisches.
Ein Trambahnbillettl vielleicht oder einen alten Knopf,
von denen er stets eine Handvoll in der Hosentasche trug,
weil er doch alles, was er auf der Straße fand, ob Sicher-
heitsnadel, Reißnagel oder ein Hufeisen, aufhob und mit
heim nahm.

Dazu sagte er meist so seltsame Sachen wie: »Ein kleines Kind ist halt gar nicht groß. Man muß den Buben auf
ein Wachstuch legen, damit er endlich wachsen tut.«

Wie aber hätte damals ein Büberl wie ich zum Beispiel
ahnen können, daß er dem seltsamen Mann nach Jahr und
Tag einmal seinen Nachruf schreiben würde.

Als dann manche Zeit vergangen war und aus mir ein
ruheloser Münchner Lokalreporter wurde, war eines meiner ersten kleinen Verserl, die eine große Zeitung brachte,
der Beitrag: »Bescherung 1945.« Hier ist es:

»Papa da Franzl schaugt scho wieda durchs Schlüssel-
loch«, greint das siebenjährige Hannerl, aber nur um
selbst einen Blick in das Zimmer zu erhaschen, wo schon
seit einer halben Stunde das Christkindl rumort. Der
Vater ist gerade dabei, das frisch abgezogene Fell eines
Stallhasen auf einen Kistendeckel zu nageln. Da ertönt
das Bimmeln einer Fahrradglocke, und die Tür geht auf.
»Aaaa«, sagen die Kinder, und ihre Augen glänzen noch
mehr als der dürftig geschmückte Christbaum, auf dessen
Spitze eine winzige Kerzenflamme mit der Zugluft
kämpft. Die Zweige sind mit Silberfäden behangen, welche die Mutter aus dem Stanniolpapier der Käsezuteilun-
gen geschnitten hat, und auf dem untersten Ast baumelt,
noch aus Großmutters Zeiten herübergerettet, ein Papp-
schiffchen mit Watterauch. Strahlend nimmt der Franzl
das vom Vater gezimmerte »Radlrutsch« in Empfang, und
das Hannerl drückt die frisch angestrichene Puppe, die das
Christkind vor sechs Wochen plötzlich geholt hat und nun
neu eingekleidet wieder brachte, an ihre schmale Kinder-
brust. »Und des is für di, Vadda«, sagt die Mutter und
schiebt ihrem Mann drei Paar Einlegesohlen und ein Paar
selbstgestrickte Pulswärmer zu. »Geh zua, Walli, des
hätt's aber doch net braucht«, bedankt sich verlegen das
Familienoberhaupt. Er dreht am alten Trichtergrammo-
phon und legt die Weihnachtsplatte »Stille Nacht, heilige
Nacht« auf. Leise singt das Hannerl mit. Der Franzl hat
einen Fuß auf dem Radlrutsch und hält sich mäuschenstill.
Durch die angelehnte Küchentür dringt der Duft von
»Hasenjung« herüber.

Nun bekam ich auf meine bescheidenen Beobachtungen
auch manchmal Leserbriefe. Diesmal war es einer von
Karl Valentin, auf holzreichem Reichskriegspapier
geschrieben, mit einem kleinen blauen Stempel links oben
an der Ecke. Er hatte folgenden Inhalt:

»Sehr geehrter Herr Redakteur!

Ihr Artikel in der SZ ›Die Bescherung‹ zeigte in so wenigen Zeilen unser armes Deutschland. Ich habe darüber mit 66 Jahren geweint wie ein kleines Kind. Nur ein Schriftsteller mit einem guten Herzen kann so etwas schreiben. Alles Gute zum neuen Jahr
Ihr Karl Valentin«

Und weil in diesen Jahren die Zeit noch auf Socken ging und jeder genug davon besaß, machte ich mich auf und strampelte auf meinem Opel-Einsitzer »Kling-kling« hinaus nach Planegg und besuchte den fast in Vergessenheit geratenen Naturphilosophen. Er war noch viel magerer als in meiner Erinnerung, und ich berichtete über meinen Besuch bei ihm:
»Der Karl Valentin schaut immer noch aus wie ein verblaßtes Ausrufezeichen hinter einem Aufruf zum Lachen.«
Wir sahen uns in der Folge dann noch oft, und ich fand bald heraus, daß dieser lustige Mensch von einer großen Melancholie erfüllt war. Mit ihr ging leider Hand in Hand auch eine unglaubliche Naivität und Einfalt. So bastelte der belächelte Feinspinner in seiner kleinen Werkstatt draußen im bescheidenen Einfamilienhäuschen immer Kochlöffel, Nudelwalger oder andere Gebrauchsgegenstände. Er hatte wohl gemeint, daß man damit was Eßbares eintauschen könnte. Drum ging er wie ein sanfter Irrer zu den umliegenden Metzgern und zeigte ihnen die Produkte seines handwerklichen Notstandes. Die biederen Salamifüller aber haben halt gedacht, jetzt macht der komische Kauz wieder einmal seine versteckten philosophischen Witze und haben in die Wohnküche hinausgerufen: »Oide schaug, wos uns der Herr Valentin schenkt.« Und dann haben beide herzhaft gelacht und dem mißver-

standenen Täuschler etwas in die Hand gedrückt. Das waren aber leider nur ihre eigenen fünf Finger.

So kam es dann, daß der Vale immer mehr vom Fleisch fiel und neben seinem Gewicht auch den Glauben an den Nächsten rasch verlor. Als er schließlich starb, und er starb genaugenommen an einem ganz simplen Katarrh und seiner Unterernährung, kam der damalige Münchner Kulturreferent mit seinem Ausspruch der Wahrheit wahrscheinlich ziemlich nahe, als er sagte: »Die Münchner haben ihren Valentin verhungern lassen.«

Da war es wohl auch nur eine recht lausige Wiedergutmachung, daß man ihn ein Jahrzehnt später schließlich in Erz goß und auf den Viktualienmarkt hinunterstellte. Ganz gewiß jedoch hätte er trotz seiner Lebensmisere wenigstens darüber geschmunzelt, daß sein Bildnis aus dem Bauch eines bayerischen Löwen gegossen worden ist. Nämlich aus einem Löwen, der vorher auf dem Siegestor thronte und dem bei einem Bombenangriff ein Trumm von seinem wuchtigen Wanst herausgeschossen worden war. Und nachdem die Siegestorquadriga und die dazugehörigen Scherben durch Zufall auf einem Münchner Bauhof entdeckt wurden, genierte sich der sagenhafte Oberbürgermeister »Damerl« Wimmer gar kein bisserl und gab einen Korb voll von dem zerstückelten Siegesfuhrwerk für den Vale frei.

Ich aber besuchte in jenen Tagen noch einmal das kleine Anwesen an dem kleinen Ort an der Würm und brachte folgende Schilderung mit nach Hause:

Sein schwarzer runder Hut, der »Goggs«, lag auf einem Stuhl, und daneben hing sein Regenschirm, als ob er bloß schnell hinausgegangen wäre, der Karl Valentin. Von der Wand grüßten die Münchner Volkssängerporträts von Papa Geis, Hesselschwert oder Papa Kern vom Bock-Keller. Über dem Klavier, auf dem der Komiker so gerne mit einem Finger den Tölzer Schützenmarsch geübt hatte, hing ein rostiger Drahtring, einst sein erster Lorbeerkranz. Ein hölzerner Kasperl lehnte an einem bayerischen Hatschier-helm. Auf dem Hals des Kasperls, unter der Krause, fand man mit Tintenstift die Jahreszahl 1882 und den Namenszug Karl Valentin. Es war sein erstes Spielzeug gewesen, das er in seinem Pietätsgefühl ebenso über ein halbes Jahrhundert aufbewahrt hatte wie den erblinde-ten Zwicker seiner Mutter oder den letzten väterlichen Zigarrenstumpen, der 50 Jahre lang in seinem selbstge-schnitzten Schachterl auf dem Wohnzimmertisch gelegen hatte.

Valentin ist ein großer Musikfreund gewesen, doch hat-te er das Musizieren niemals gelernt. Sein Geigenkasten stand in der Ecke, und der Geige, auf der er so ergreifend »Das Meer von Siemens-Schuckert« gespielt hatte, fehl-ten drei Saiten.

In seinem Schuppen im Garten standen die letzten Trümmer aus seinem Gruselkeller, der »Daamische Ritter« und die Überbleibsel von Mister Roll, »dem Erfinder der Rollgerstensuppe«. Valentin hing geradezu mit Besessen-heit an seiner Münchner Stadt. Einen amerikanischen Unternehmer, der ihn einmal für die Staaten engagieren wollte und ein Angebot machte, das einer Lebensrente gleichgekommen wäre, wies er mit den Worten ab: »Ja, do dad i ja 's Rosental nimma sehng!«

München aber hatte ihn schnell vergessen nach dem zweiten Krieg. Kein Rundfunk, kein Brettlunternehmen wollte ihn mehr haben bis auf Theo Prosel, bei dem er dann seine letzte Vorstellung gab.

»A oids Buidl vo München is mehra wert ois a Bril-lant«, hatte der Auer Philosoph manchmal gesagt. In sei-nem berühmten Guckkasten sah man Ansichtskartenbilder aus vergangenen Tagen. Den alten Hofgarten mit promenierenden Biedermeierdamen, das Taubenmutterl vor der Feldherrnhalle und viele stille Winkel und Straßen.

Valentin spürte sein rasches Ende kommen. »Host ois gricht, is 's Gas obdraht und d' Haustür zuagschberrt, Oide – na kenn' ma geh«, sagte er am Abschiedsabend wie alle Tage zu seiner Frau, und als der Hollerstrauch vor seinem Schlafzimmerfenster immer dunkler wurde, schloß er sein Lebensbuch mit dem Aufseufzer: »I hob gor ned g'moant, daß 's Schterbn so schee ist.«

Roiwagl Wagl

»Roiwagl ham ma gestern g'schom, Roiwagl schiam ma
heit, Wagl, Wagl. Roiwagl schiam ma olle Dog, solang's
oa geid«, sang einst der gewesene Chorknabe, Feldwebel
und Volkskomiker Ferdinand Weisheitinger in Erinnerung an den für den Stellungsbau im Ersten Weltkrieg
unentbehrlichen Schützengrabenexpreß. Und viele Jahrzehnte war das Roiwagl, auf Schreibmaschinendeutsch
auch Kipplore genannt, von keiner großen Baustelle weg-
zudenken. Doch so, wie die Mörtl-Zenzi von einst sachlichen Mischmaschinen weichen mußte, wie die grellen
Luckipfiffe der Steinträger verstummt sind und durch das
Quietschen geschäftiger Winden abgelöst wurden, so ist
auch das Roiwagl an den großen Bauunternehmen langsam, aber sicher durch riesenmäulige Roboter verdrängt
worden. Vorüber ist auch die gute alte Ziegelsteinzeit, in
der die Häuser noch ausschließlich aus den gebrannten
Lehmwürfeln von Ismaning und Umgebung gebaut wurden und nicht mit den porösen Blöcken des grauen
Schwindelgranits. Oder aus listigen Hohlblocksteinen, in
denen der verlorene Baukostenzuschuß und die Mietvor-
auszahlung so flugs und geräuschlos verschwanden.

Ganz heimlich, still und leise ist das Roiwagl den Weg
hinübergerollt in die erste Vergangenheit. Dabei hat dieser
Kiesgruben-Rapido neben dem zweifellos einst recht
beachtlichen Gebrauchswert bei der Vorstadtjugend auch
noch eine freilich nicht ganz ungefährliche Vergnügungs-
maschine zur Freizeitgestaltung dargestellt. So war es
zuerst einmal undenkbar, daß ein echter Großstadtgassen-
bub auf dem Bürgersteig oder dem vorgeschriebenen Fuß-
weg blieb, wenn entlang der Straße aus irgendeinem
Grund der rostige Schienenstrang eines Roiwaglgeleises
nebenher lief. Denn dann war so ein schwarzfüßiger Vor-
stadtapache selbstverständlich sofort ein halbamtlicher
Streckengeher, der im wichtigen Grätschschritt von
Schwelle zu Schwelle stapfte. Kam dann vielleicht gar ein
ganzer Zug der kleinen Kippwaggons angerollt, so kriegte
ein jeder Barfußläufer unweigerlich neidfeuchte Zähne,
wenn er den Kommandanten der heftig fauchenden
Dampfmaschine sah. Und es gab überhaupt keinen Zweifel unter dem gesamten Nachwuchs: »Höchstes Glück der
Erden – war Roiwaglführer zu werden.«
Aber auch das Balancieren mit blanken Fußsohlen auf
den warmen geheimnisvollen Drehscheiben, die sich an
den Gleiskreuzungen befanden und einem kleinen Teu-
felsrad glichen, ähnlich wie es davon ein riesiges auf dem
Oktoberfest gibt, und das bei geschickter Bewegung als
Miniaturkarussell zu benutzen war, stellte eine viel geübte
Geschicklichkeitsprüfung dar. Als Höchstes aber galt es
drüben in den Isarauen, wo das kleine Feuerroß fast jahr-
aus, jahrein die dreieckigen Kieswagerl zog, heimlich im
rupfenen Indianerkleid aufzuspringen und ein Stück
unter donnerndem Gerumpel und mit schrillem drohen-
dem Kriegsgeschrei mitzufahren. Was allerdings die Halbwüchsigen manchmal mit so einem Roiwaglzug unternah-
men, indem sie die gesperrte Sicherheitskette mit einem

dicken Prügel sprengten, das gab gewöhnlich Ärger, Krach und Verdruß. Weil dann dieser zweckentfremdete Orientexpreß meist mit großer Sicherheit entgleiste und am Montag morgen von vielen murrenden Arbeitern unter zwanzigstimmigem »Ho ruck« wieder auf die Schienen gelupft werden mußte. Wie schwer aber so ein Roiwagl leer oder voll beladen ganz genau war, erfuhren die meisten der übermütigen Railway-Rowdies dann am eigenen Leibe bereits schon eine Kleinigkeit später: Nämlich beim Arbeitsdienst, beim Bau der schweißgetränkten »Via misere«, der Autobahn, oder ein weiteres Jahrzehnt nachher in der Reichstrümmerzeit.

Trotzdem wird fast jeder Angehörige des »Mittelalters« ein kleines Lächeln oder eine kleine Erinnerung wegwischen müssen, wenn er heute im Anzeigenteil einer großen Tageszeitung das nüchterne Inserat liest: »Mehrere Rollwagen nebst hundert Meter Geleise zum Kilowert zu verkaufen.«

Bier-Athleten

Mit schrägem Hals standen Spaziergänger oder beschauliche Passanten vor der kleinen Auslage im alten Isartorturm. Und mit brummeligen Lippen entzifferten sie die Aufschrift auf dem wuchtigen Bierschlegel, die besagte, daß Thomas Wimmer mit dieser populären Keule zum letzten Mal als Oberbürgermeister den ersten Wies'n-Banzen angezapft hatte. Eine silberne Uhrkette lag daneben, stark genug, um einen niederbayerischen »Gmoaschtier« damit in Zaum zu halten. Dahinter prangte das Bild des bayerischen Herkules, Hans Steyrer. Ein wahrer Gaskessel von einem Mannsbild. Und unter seiner Nase hing der berühmte Riesenschnauzbart wie eine haarige Wolke. So groß, daß die alten Münchner behaupteten, der Steyrer hätte als Bartbinde nachts immer eine Hängematte genommen.

»Starke Männer – starkes Bier« hieß die kleine Ausstellung im alten Verlies. Und sie zeigte Hunderte von alten Bildern, Humpen und Reliquien bierherrlicher, kraftstrotzender Zeiten. Denn sie ließen alle mal was liegen, die Starken unserer Welt. Da war zum Beispiel der Programmzettel des Nationaltheaters vom 13. Jänner 1841, auf dem kundgetan wurde: »Die Produktion des französischen Ringers und Athleten Jean Dupuis und seiner Kollegin Demoiselle Kuhn. Jean Dupuis stellt auf beide Arme sechs erwachsene Personen und wird dazu auch noch dreihundert Pfund im Munde tragen.« Ja, da mußte dieser Herkules aus Frankreich seinen Brotladen schon ganz gewaltig aufreißen. Allerdings wurde er ihm dann vom Wirtsknecht Simmerl Meisinger auch gehörig gestopft. Indem ihn dieser biedere Hausl an einem Mittwoch im Zweikampf besiegte. Und ihm dann seinen um diese Wochenzeit nicht extra gewaschenen Fuß auf die welsche Brust setzte. Wovon die Chronik ausführlich erzählte.

Dafür, daß Muskelkraft und Gerstensaft schon immer zusammengehörten, gab es viele Beispiele. Schon vor mehr als einem halben Jahrhundert lebte in Amerika ein Holzfäller namens John L. Sullivan, der als berühmtester Faustkämpfer der Jahrhundertwende in die Boxgeschichte einging. Mit blanken Fäusten kippte er seine Gegner in den roten Sand von Arizona. Aber nie ohne vorher mindestens zehn bis fünfzehn Liter Bier gekippt zu haben. Auch die alten bayerischen Ringer und Kraftmenschen hatten wohl dieses Rezept übernommen. Denn sie trainierten meistens in den Nebenzimmern von bekannten Gastwirtschaften und Bräus, damit sie im Bedarfsfalle nicht zu weit zu ihrem hölzernen Lebensborn hatten. Und überall bekam der Sieger als Preis einen Pokal oder Humpen. Sicher nicht deshalb, um ihn als Blumenvase zu benützen.

Schnauzig und grimmig schauten sie von den Wänden herab. Der Alois Seelos und der Geer Lenz. Der dräuende Omar D. Bullion. Fritz Kerl und Georg Singer. Körndlgefüttert und die Muskel im heiligen sportlichen Zorn angeschwollen, daß sich jeder Betrachter wundern mußte, wie der Handwerker dabei überhaupt das Glas in den Rahmen bekam, ohne daß es sprang. Angetan mit schwarzen selbstgestopften Trikots, die nur zwischen Knöchel und Knie ein kleines blasses Stück Niemandsland freiließen. Und die kolossalen Brüste mit Medaillen gepflastert. Wie der Stachus mit Fußgängernägeln. Und nicht ein einziger Stemmer war ohne Schnurrbart. Die Enden jederzeit zum Einfädeln zugespitzt. Vielleicht benützten manche Heimtücker diese waagrechten Nasengeißeln auch nur, um damit den Widersacher zu kitzeln. Denn auch unter den Altvordern gab es gewiß Schelme genug.

Besonders imponierend war der Toni Gassner aus Bayerisch Eisenstein. Ein ungeheurer schwarzer Maltersack.

111

Vielleicht im Nebenberuf auch noch der Erfinder der Strumpfhose. Denn ein solches Beinkleid verdeckte seine Wadl bis zu den Füßen, die ihrerseits wieder ganz in Freiheit lebten. Sicher rankelte dieser urwüchsige Gladiator nur unter Zuhilfenahme seiner Zehen, mit denen er sich gewiß im bierfeuchten Arenaboden einkrallte. Und immer wieder wurden die barocken Oberarme zur Diskussion gestellt. Sie sahen alle aus, als wären ihren Besitzern die Sonntagsknödel in die falsche Kehle gekommen. Und mitten unter ihnen entdeckte der Betrachter tatsächlich auch eine Frau. Sie war an jeder beliebigen Stelle knorrig und knollig wie pelziger Sellerie. Einladend hielt sie ihre Früchte des Zorns jedwedem Interessenten entgegen. Doch nicht einmal ein Athletenkollege wollte da wohl anbeißen. Denn sie starb stark, aber ledig.

In der kleineren Abteilung dieser Muskelmesse wurde noch eine ganz besondere Abart von Kraftmeiern beschrieben. Nämlich jene, denen ihr sportlicher Ehrgeiz ein Stockwerk zu tief gesunken war. Die Rekordfresser und Säufer. Unter ihnen der Weltklasse- und Dienstmann Johann Kessler. Der einen vierzehn Zentner schweren Ochsen in einem einzigen Monat aufaß. Selbst wenn es der Februar war. Oder hundert Weißwürste in einer Stunde inhalierte. Sein Zeitgenosse, der Schedl-Schorsch, ein Akkordpflasterer, war wieder mehr fürs nasse Futtern. Er ließ sich seinen ganzen Lohn gleich in seine Stammwirtschaft überweisen und lebte nur vom Bier allein. Vierzig Maß täglich soll er geschleckt haben. Und meistens mußte ihn dann der Herbergsvater auch noch an die Luft setzen. Von ihm stammte auch der schöne Spruch: »Wias mi nausgschmissn ham, schreit grod oana Prost. Das war dann wenigstens noch ein Trost.«

Verblichen waren die alten Drucke und Bilder von den Stätten und Stuben, in denen diese Recken einst trainierten und tranken. Verblaßt war das Bild vom Bockkeller vom Unterpollinger in der Sendlinger Straße oder vom Damenwirt in der Au. Auch über die retuschierten Augen und die präsentierten Zinnkrüge jener vier Zecher, die an einem einzigen Abend hundertvierzehn Maß Bier tranken, waren wohl längst die Deckel gefallen.

Texas am Eck

Lange und zornig pickte der hydraulische Spitzhammer am letzten Zementbuchstaben der regenbleichen Aufschrift »Isar-Lichtspiele« herum. Dann fiel auch der allerletzte Hinweis auf die einst so geliebte Traumfiliale am Eck auf den großen Schutthaufen, unter dem nun auch die Erinnerungen an so viele längst verblichene Stars, an den großen Wildwesthelden Tom Mix und den uralten Herrn am Klavier begraben waren.

Und dann fiel dem eisgrauen Großstadtbummler langsam auch wieder alles aus der ebenso eisgrauen Stummfilmzeit ein.

Ein Vierteljahrhundert lang kam jeden Nachmittag gegen zwei Uhr mit gemächlichem Schaukelgang die Besitzerin der kleinen Sehnsuchtsmühle angewackelt. Sie öffnete das winzige Theater mit einem großen, weithin klingelnden Schlüsselbund, drehte verschiedene Schalter an und zwängte sich dann seufzend in das lächerliche Schilderhaus, über dem das lebenswichtige Wörtchen »Kassa« stand. Ein paar Minuten später strampelte auch schon der Vorführmann auf einem ehrwürdigen Drahtesel daher und sperrte seine Freiluftlimousine mit einem dicken Kettenkabel an das gußeiserne Regenabflußrohr.

Wie der alte Klavierspieler, der hinter einer spanischen Wand saß, in das Dämmerdunkel des Zuschauerraumes kam, wußte kein Mensch. Vielleicht war er auf seinem wackeligen Sessel angeschraubt und übernachtete direkt vor seinem melodischen Hammerwerk.

Stand ein Heimatfilm auf dem Programm, etwa die Wilderertragödie »Lebe wohl und laß mich still verbluten« oder das Bergdrama »Die Sennerkathl von Mariaeich«, so nahten alsbald brave vielfache Mütter aus den nahen Rückgebäuden und legten mit zerfurchten Blaukrautfingern ihr Scherflein auf den Altar der Kunst, der aus einem abgewetzten Gummiteller bestand. Auch ein paar krankgeschriebene Friseusen, ein Besuch aus Niederbayern oder die Köchin von der nahen Wirtschaft »Burg Schwanenfels« kauften sich für sechzig Pfennig eine Portion Schicksal mit Rührung.

Am duftesten wurde es immer dann, wenn einer der frühen Western auf dem Programm stand.

Aus dem lauwarmen Colt, der auf den Plakaten vor dem Kino abgebildet war, rauchte vorne sinnig der Namenszug Jenny heraus. Mit frostiger Glaspapierhaut, die sich prächtig zum Abschmirgeln der kantigen Heldenköpfe geeignet hätte, betrachtete der Beschauer die ausgehängten Bilder der Voranzeigen. Er blickte erschaudernd abwechselnd in die tadellos gereinigten Mündungen sechsschüssiger Smith & Wesson, die direkt auf seine Kennkarte zielten, in die lockenden Kinsey-Schluchten blonder Pistolenvamps und auf die zerschmetterte Inneneinrichtung der Texasbar »Zum Räudigen Eisbein«.

Ein echter Revolverfilm begann fast immer mit einem galoppierenden Reiter, der von der Filmleinwand rechts unten direkt in die billigen Parkettplätze hineinsprengte. Im Hintergrund die blauen Berge. Mit fünf Schritt Abstand und Zwischenraum folgte des Helden getreuer, aber älterer Freund, der nur drei Finger hatte, einen Bart wie wildgewachsenes Sauerkraut und einen knochentrockenen Humor »extra dry«. So gelangten sie in die staubige Hauptstraße von Bloody Hill. Dort banden sie ihre Mustangs an ein Geländer, das sich unter der Balkonveranda befand. Dies war notwendig, weil im dritten Akt eine Szene vorkam, bei der sie mit geöffneten Staffeleibeinen aus dem Zimmer der Colorado-Lilly direkt auf die parkenden Pferderücken sprangen.

Vorerst aber stand der Held an der Bar und ließ sich von der mäßig beleumundeten Lilly bedienen, die aber absichtlich so tief gesunken war, weil sie für ihren lungenkranken Bruder Geld verdienen mußte. Dann kam der Bösewicht und sagte: »Was, du willst mir einen Drink ausschlagen? Kalkuliere, du willst von weitem trinken.«

Dann folgte ein Boxkampf, bei dem man die klatschenden Schläge bis nach San Antonio (Bezirksamt Kentucky) hörte. Wenn der Schurke unten war, griff er tückisch nach dem Colt. Dies sah wiederum durch den großen Spiegel über der Bar der Dreifingermann. Blitzschnell zog er seine Kugelspritze und pumpte den schuftigen Slim so voll Blei, daß dieser durch das erhöhte spezifische Gewicht zwangsläufig zu Boden ging. Durch seine zersiebte Brust schienen die letzten Strahlen der Abendsonne. Starkes Aufschnaufen auf den billigen Plätzen zeugte von der Genugtuung der männlichen Kinobesucher, die von ihren Bräuten prüfend am Oberarm angefaßt wurden.

In der Schlußszene ging dann ein Cowboy mit gemäßigten Biedermeierbeinen durch die menschenleere Hauptstraße, denn im Gefängnis schmachtete sein Freund. Gerade wie er gehängt werden sollte, entdeckte er dann noch schnell, daß die Zellenstäbe genauso weit auseinander sind, daß er mühelos den Wächter heranlocken, niederschlagen und der Schlüssel berauben konnte. Das Pferd aber stand mit eingeschaltetem Taxameter schon an der hinteren Tür. Jetzt begann die Knallerei. 16 Schüsse fielen, 18 Banditen sanken aus ihren Sätteln. Die eine Hand war weiß, die andere braun, denn er trug sonst Handschuhe und schoß aus der Hüfte. Nach der letzten Patrone blies er das Rauchwölkchen von der Revolvermündung und galoppierte zur Lilly. Er legte die Aufschluchzende quer auf den Sattel wie einen zarten Maltersack. Dann ritt er in den Abend hinein, knapp an der Sonne vorbei. Den Dreifinger-Bob aber, der den Abmarsch deckte, hatte es erwischt. Mit fünf Unzen Blei in der Milzgegend machte er sich auf die große Reise. Sterbend verlangte er noch eine auf C-Dur gestimmte Mundharmonika, um dem jungen Paar das letzte Liebeslied zu spielen »Braune Rose, jippi jei«. So treu war er.

Als der Film zu Ende war, verließen 124 junge Helden stumm und mit schleppenden Schritten das Kino. Ein paar Schurken waren natürlich auch darunter.

Nur ein Scherzl Brot

Hunderte von Buttersemmeln, Wurstbroten, Rohrnudeln, Brezen oder belegten »Doppeldeckern« werden nach einer Beobachtung der Münchner Müllmänner täglich von den Schulkindern in die Aschentonnen ihrer Einmaleinsburgen, in Papierkörbe oder Abfallkästen geworfen. Und dann später in den großen städtischen Müllvernichtungswerken verbrannt. Denn die meisten Abc-Schützen haben diese bürgerlichen Wegzehrungen einfach satt und bevorzugen in den Pausen Kaugummi, Butterfinger oder Kandis. Deshalb genießen auch die Schulzehnerl oder Fuchzgerl beim Nachwuchs fast überall den Vorrang vor liebevoll bestrichenen Wurstbroten, die viele Sprößlinge nur deshalb noch mit in die Weisheitsschuppen nehmen, weil sie der guten Mama oder der besorgten Oma halt nicht weh tun wollen.

Doch das war natürlich nicht immer so in unserem Wunderland, denn es gab auch lange Jahrzehnte, da spielten das Pausenbrot und die Schulvesper eine ganz wesentliche Rolle im Leben eines jungen Normalverbrauchers.

Gleich nach dem Ersten Weltkrieg wurde in vielen Städten von humanen und kinderfreundlichen Organisationen für unterernährte Bambinos eine Schulspeisung ins

Leben gerufen. Damals hieß sie Quäker-Speisung, so genannt nach einer hochherzigen amerikanischen Sekte, welche die Mittel hierfür zur Verfügung stellte. Die bevorzugten Empfänger dieser milden Gaben waren von jedermann sofort von den anderen Schulkindern leicht zu unterscheiden, da die Quäker-Kostgänger neben dem Tafelschwamm und Lappen, der an ihrem Bildungstornister baumelte, auch noch ein blaues emailliertes Haferl mit einem Schnürl daran befestigt hatten.

Meistens gab's als Pausenstärkung um zehn Uhr vormittags für diese »Suppenschüler« warme Milch mit einem Eierweckl oder auch Kakao und eine Rohrnudel. Doch bald gingen die Lehrkräfte dazu über, die ordnungsgemäßen Bezieher dieser Schmankerl streng zu überwachen, denn die heftig mitschluckenden, aber zu kurz gekommenen Klassenkameraden versuchten mit allen Mitteln und Tricks, die mürben Eierweckerl oder die schmalzigen Rohrnudeln gegen Schleudergummi, schwarze Teerbatzen oder Glasschusser einzutauschen. Manche machten den privilegierten Quäker-Spargeln auch ihre Hausaufgaben für ein Haferl Milch. Doch auch ein saftiger »Spitz«, heimliche Kopfnüsse oder die leise gemurmelte Drohung »Laß me beiß'n, sunst bist a feiga Hund« veranlaßten die schwer mampfenden Glückskinder, etwas abzugeben. Half aber alles nichts, so begnügten sich die Outsider wenigstens mit dem verächtlich hingeworfenen Satz: »Wos pfui Deife, jeden Dog a Milli, des mögn bei uns no net amoi d' Katzn.«

Neben den Quäkerianern gab es aber auch noch viele Alphabetlehrlinge, die irgendeinen Imbiß inhalieren konnten. Das Pausebrot mußte nämlich gar nicht unbedingt vom Bäcker sein, sondern auch ein Apfel, ein paar gelbe Rüben oder ein kalter Reiberdatschi wurden als vollwertige Zwischenmahlzeit akzeptiert. Vielfach wurden diese Mitbringsel in sogenannten Botanisierbüchsen befördert. Das waren grün gestrichene Blechtrommeln, welche die Kinder vor den zarten Bäuchen trugen und die eigentlich zum Einsammeln von Blättern, Blüten oder auch Käfern gehörten, wenn ein Schulausflug auf dem Stundenplan stand. Besaß jemand einen Apfel oder eine Birne, so war es selbstverständlich und üblich, daß der glückliche Besitzer dem magenknurrenden Spezl den »Butzen« überließ, der allerdings rund um das Kernhaus fast immer peinlich sauber abgefieselt war. Hatte ein junger Bonze aber gleich gar eine Banane oder eine Orange dabei, so wurden selbst die Schalen dieser Früchte nicht gleich weggeworfen, sondern von den Klassenärmsten vorher noch mit langen Schneidezähnen innen benagt.

Der größte Leckerbissen jedoch war und blieb immer ein lauwarmes Brotscherzl, aus dem dann das Roggenmark, die »Moin«, mit den Fingern herausgearbeitet wurde, worauf der glückliche Feinschmecker seine Nase anschließend lange und tief in das so entstandene »Kacherl« steckte und den köstlichen Duft wie ein erregtes Haserl einschnupperte.

Der Herr Lehrer stand dann vielleicht etwas abseits dabei. Und er schaute dem minderjährigen Gourmet mit mildem Lächeln und leisem Kopfnicken zu. Denn er wußte es ja selbst aus seiner Schulzeit noch, daß niemals im Leben mehr ein Brot so gut schmecken würde wie so ein köstliches »Scherzl«. Das herrlichste Brot der frühen Jahre.

Glück im Glaserl

»Zum Reuigen Anton«, »Zur Alten Liebe« oder »Trüber Philipp« hießen einige der kleinen Stehbars, von denen es früher in leicht vergammelten Spitzweg-Winkeln noch viele gab. Sie waren der Tratschstützpunkt von braven, rotnasigen Rentnern, Austraglern und Spitalern, schnellen Möbeltransporteuren und Leuten, die im Vorübergehen einen kleinen Trost im Stehen suchten.

Manchmal verlief sich vielleicht auch ein älteres, waagrechtes Mädchen an die verwaschene Theke, um ein bißchen flüssigen Mut für ihr trauriges Leben zu tanken. Und auch winzige Tagediebe, schrullige Käuze, verhutzelte Sonderlinge oder filmreife Clochards kamen und nahmen einen Stockzahn voll vierzigprozentigen Lebensgeist zu sich. Die Gäste, die dort verkehrten, wurden vielfach nicht mit ihrem bürgerlichen Namen angesprochen sondern man nannte sie je nach dem Aussehen, ihren Eigenschaften und Aussprüchen den »Zittermax«, den »Alimentenheini«, »den Wagscheitellenz« oder den »Ob-hoid-Jackl«.

Im Stehausschank »Zur Alten Liebe« war ein alter Hausierer mit dem Kriegsnamen der »Wetzschtoa« immer der erste. Kaum wurde das Rollo des kleinen Wermutwigwams hinaufgeschoben, schlüpfte er wie ein süchtiger

Russel in den halbdunklen Laden und bestellte sich einen
dreistöckigen »Schtoahackl«, einen Steinhäger. Das Gesicht
vom »Wetzschtoa« war lila gesprenkelt, als hätte man
einen Tintenstift über sein lustig-wüstes Antlitz geraspelt.
Und er zitterte wie der »dritte Mann«. Drum mußte er
auch das erste Glas mit beiden Händen auf dem Schank-
tisch festhalten und sich dazu hinunterbeugen. Dann saugte er den »Stoff« mit seinem grauhaarigen Igelrüssel an.
Erst nach dem dritten »Hieb« wurde er etwas ruhiger,
obwohl er auch da noch beim Griff nach dem Glas
vibrierte, als wäre er an den städtischen Wechselstrom an-
geschlossen.

Der narrische Martl, angeblich gewesener Lokomotiv-
führer bei der Lokalbahn, suchte nur eine einzige Gesellschaft im schmalen Stehladl. Und das war seine eigene.
Freudig begrüßte er sich jedesmal selber in dem großen
Wandspiegel und befragte dann lachend sein Konterfei:
»Wia san ma heit beinand?« Und der Quecksilberfreund
antwortete prompt und vergnügt: »Wia's Vaterland.«
Alsdann prosteten sich die zwei mit einem würzigen
Roten zu. Manchmal aber schien der Martl auch in Geld-
schwierigkeiten zu sein. Da pumpte er sich dann selber vor
dem rauchblinden Reflektor an und bettelte: »Aber geh,
weast doch an oidn Freind an Fünferwecken leicha. Gib
dan ja morgn wieda zruck.« Und in der Tat, anderntags
erfolgte pünktlich vor der gläsernen Schwachsinnswand
die feierliche Begleichung der spinösen Schuld.

Ein Hauch von sanfter Idiotie schwebte über allen
Häuptern. Und von der geliebten Theke wehten komische
Wortfetzen herüber: »Was ist denn des für a neier Roter?
Theatiner-Maushöhle, was?« – »Ja, ja, von den Reichen
kann man's Sparen lernen und von den Armen 's
Kochen.« Ein hochdeutscher Stammgast, der eine Brille
von Taschenlampenlinsendicke trug, philosophierte ein-

fach so in die Luft hinein: »Ach ja, es ist nicht leicht, ein Stachelschwein zu küssen. Da muß man erst am Kaktus üben.« – »Naa«, meinte dann ein hoffnungslos versackter Karussellbesitzer, »draufzoid ham ma desmoi net, aba an Defizit ham ma ghabt.« Und der Nordgermane sagte beim sechsten Bommerlunder gelassen zum lächelnden Stopselbewahrer: »Schmeiß noch een rin, Felix. Immer nach der Parole, was nützt schon 'nem toten Hund ein Beefsteak.«

Süßer Vogel der Jugend

Und auf einmal bleiben sie alle stehen. Der hastende Vertreter, der eben noch mit gesenktem Kopf leise vor sich hingerechnet hat. Die gemütlich dicke Hausfrau, die einen Korb badischer Zwetschgen in der Rechten schwingt. Der feine Herr mit dem Hufeisen in der teuren Seidenkrawatte und sogar der Radfahrer auf dem rasanten Fünfgangvehikerl nimmt den linken Fuß aus dem Rennhaken und blinzelt hinauf in den seidigen Himmel.

Und dann stehen sie da, die Köpfe zurückgebeugt, wie beim Zahnarzt oder bei einer Reihenuntersuchung auf Scharlachverdacht. Sie schauen träumerisch hinauf zum süßen Vogel der Jugend. Zu dem kindischen roten Papierdrachen, der über den Baumwipfeln schaukelt und schließlich sanft hinabgleitet hinter die sieben Berge. Wenn sie dann weitergehen, da hat der vornehme Privatier und auch der gehetzte Handlungsreisende ein kleines müdes Lächeln um den Mund, und die Zwetschgenwalküre wischt sogar ein mattes Glitzern aus den Augen, das natürlich von der dummen Sonne kommt und nicht von der Rührung. Im Weitergehen aber steigen in der Erinnerung die Drachen aus der Abc-Schützen-Zeit wieder auf. Die bunten Herbstvögel, die einst kamen und gingen mit dem Wind des späten Sommers.

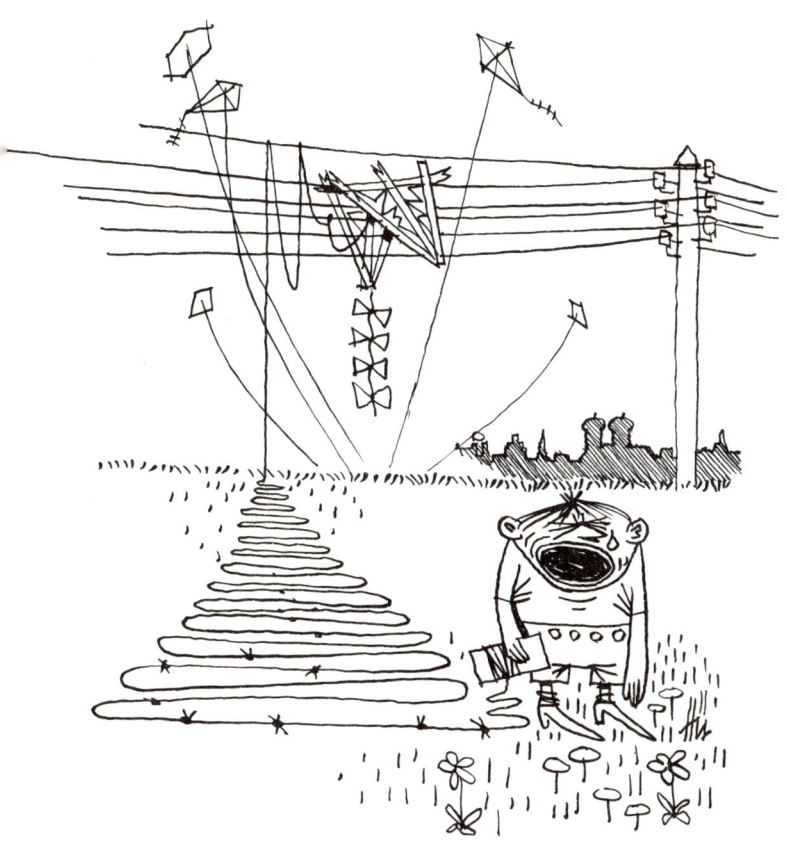

Ja, damals sah man sie noch überall aufsteigen, trudeln und stürzen. Beim Bauern am Berg draußen, auf der Postwiese und den vielen grünen Oasen, die es in grauer Vorzeit überall im Stadtgebiet gab. Trotzdem der Bau eines Papierdrachens für einen jungen Sportsmann seinerzeit fast noch so viel Probleme und Hindernisse mit sich brachte, wie sie etwa Kapitän Hugo Eckener bei der Konstruktion seiner fliegenden Himmelszigarren, der berühmten Zeppeline überwinden mußte.

Da war zuerst einmal die Beschaffung der notwendigen »Dracherlattl«. Zahlreiche lauernde Vorstadtbuben belagerten aus diesem Grund die mürrischen, aber in Wirklichkeit herzensguten, mit Sägemehlstaub weiß bedeckten Schreinermeister. Und meistens schnitt dann der Herr der Kreis- und Bandsäge unter dem Gemurmel irgendwelcher sanfter Verwünschungen aus einem Abfallbrettl die zehnerldicken »Schwebebalken« halt doch noch heraus und schob sie der liebedienerisch dankenden Meute zu.

Die gesamte Verwandtschaft mußte schließlich das notwendige Kleingeld für das farbige Pergamentpapier stiften. Denn nur die allerärmsten Luftpiraten verwendeten noch den selbstangerührten Mehlpapp und außenpolitische Zeitungskommentare zum Bau ihres Herbstseglers. Die »Haspel« wurde selber geschnitzt oder aus Zigarrenkisteln zusammengenagelt. Das allerschwierigste aber war die »Organisation« der Schnur, die bei manchen Buben umständehalber fast mehr Knöpfe als Spagat aufwies.

Und dann ging es hinaus mit dem »Sechseckigen« oder dem hühnerbrüstigen »Amerikaner« sowie zahlreichem Bodenpersonal auf die Prärien und Savannen, wo zwischen weidenden Schafen, ausgedienten Matratzen und einhundertzwanzig Maulwurfshaufen die schwierigen Startversuche erfolgten. Einer mußte den knisternden Aeroplan hinten sacht im Genick nehmen, der zweite legte den langen Schweif, der meistens aus zusammengeknüpften Unterhosenstreifen, Damenstrümpfen und einer abschließenden Vorhangquaste bestand, vorsichtig aus, und der Pilot selbst bestimmte dann die Länge der Anlaufschnur. Und auf »Los« ging's endlich »los«. Nämlich das Hindernisrennen zwischen Brennesseln und verstreuten Ziegelsteinen hindurch. Denn erst wenn der papierene Ikarus den nötigen Aufwind hatte, durfte er vom mithumpelnden Copiloten ausgelassen werden, und dann stieg er steil empor. Oder auch nicht. Wenn jedoch der Wind und die Götter freundlich gesonnen waren, so schwebten die gelben vierfarbigen oder phantasievoll bemalten Kindheits-Aeroplane bald neben der lächelnden Sonne, und zahlreiche Sachverständige prüften laufend den »Zug« der Schnüre oder sie ließen sogar kleine »Hexen«, runde »Papiersatelliten« auf den gestrafften Leinen zum König der Lüfte hinaufreiten. Bis dann die unverhoffte Bö kam. Und der erzitternde Pergamentbussard entweder mit einem steilen Looping wie ein Bügelbrett zur Erde sauste oder sich selbständig machte, um irgendwo in einer fernen Telegraphenleitung oder einem Baumwipfel zu landen. Dort hing er dann, bis ihn die ersten naßkalten Schauer wieder in seine Bestandteile auflösten.

Die Leute von der Wurzerstraße

Die Wurzerstraße in München hat ihren Namen nicht von dem berühmten Schauspieler Mitterwurzer. Und auch nicht daher, weil in ihr vielleicht besonders viele »Wurzen« wohnen, sondern ganz simpel von einem längst verbröselten Stadttor, das einmal in dieser Gegend stand und »Wurzertor« hieß. Diese Straße ist an sich so unwichtig wie ein Blinddarm und auch nicht recht viel länger. Aber in ihren Appartements und Dachgartenkäfigen wohnen wohl die seltsamsten und spaßigsten Vögel unserer Stadt: Künstler, Käuze, Komiker, Komponisten, Kapellmeister, Kavaliere und Komödianten.

Als der »alte Mann« vor mehr als einem Jahrzehnt dort seinen Wigwam aufschlug, wurde an der Ecke gerade ein Restaurant eröffnet. Und als Chefin fungierte darinnen die immergrüne Mittelwellenschönheit Ruth Kappelsberger. Leider paßte sie schon rein optisch so wenig zu jenem Gentleman, der ihr Partner und Gemahl war, wie dessen Name zu seinem Beruf. Er war nämlich Hühnerbrater und hieß Spatz.

Damals fiel ihm auch ein ziemlich ungleiches Pärchen auf. Der Mann war unglaublich lang und schlank und auch immer ein bißchen unrasiert wie ein Maibaum im

Rauhreif. Sicher hätte er den Morgenkaffee mühelos aus
der Dachrinne trinken können, aber das tat er wohl viel
lieber bei seiner Liebsten. Die war ebenso hübsch von
sie. Und der endlose Lulatsch: Peter Vogel.
Angesicht wie talentiert und verliebt. Erika Remberg hieß
    Auch ein anderes gackerndes Theaterhuhn flatterte zu
jener Zeit bereits in dieser Gasse ruhelos herum, so daß
man nie genau wußte, was es eigentlich suchte. Den
Oskar? Oder nur einen Dorfgockel? Die ungemein liebens-
werte Dame war Herta Worell.
    Zu den alten Wurzerstraßlern zählt außerdem auch der
berühmteste Tanzlehrer des westlichen Abendlandes. Er
ist im Kolophoniumstaub seiner Dreivierteltaktstudios
ergraut und heißt Peps Valenci. Oder »Lord Leisegang«,
wie er von Freunden heimlich wegen seiner Stummfilm-
erscheinung auch gerne genannt wird.
    Ein ganz anderes Temperament war die »Lady Ein-
fach«. Eigentlich sah sie mit ihrer Markttasche immer ein
bißchen aus wie eine stille, versonnene Suppengrünwalkü-
re, die gerade vom Viktualienmarkt kommt. Dabei war
sie wohl die bedeutendste deutsche Komödiantin: die Therese Giehse, für die Carl Zuckmayer eigens ein Theater-
stück schrieb und die wie die ewige Mutter Courage stän-
dig vor sich hin zu murmeln schien: »Heiapopeia, was
raschelt im Stroh. Der eine liegt in Polen – der andere
liegt wer weiß wo.«
    Von Zeit zu Zeit war in dieser Häuserzeile ferner ein
Mann anzutreffen, den fast die ganze Welt kennt.
»Schwarzer Ulan vom Rhein« war einmal sein Kriegsna-
me. Bürgerlich heißt er Max Schmeling. Er stand dann
fast immer geduldig vor dem Haus Nummer 18 und wartete. Aber nicht auf einen Rückkampf mit dem »Lehmge-
sicht« Joe Louis. Und auch nicht auf seine Anny Ondra,
sondern nur auf seinen alten Freund Franz Leidmann,

den letzten großen Boxveranstalter der vergangenen Faustkampfära, der jedoch längst nicht mehr mit Kinnhaken handelte, sondern mit Kohlen.

Mit zu den ersten gehörte auch ein Sportsmann mit tadelloser Gangart und einem markanten Derbysiegerkopf: der Olympiareiter Harald Momm. Und genau eine Treppe über der Kemenate des alten Mannes saß auch manchmal »Mariechen auf einem Stein«. Ein bleiches Bilderbuchmädchen, das auf der Marmortreppe so lange geduldig kauerte, bis ihr Romeo, den sie auch mit trommelnden Fäusten nicht aus dem Schlafe wecken konnte, endlich wieder zu sich kam. Es war das begabte Kellerkind Karin Baal, das seinen Edelstrizzi Helmuth Lohner aus den Wienerwaldgeschichten abholen wollte.

Schlagertexter Fritz Beckmann mit knöchellangem Nerz, ruheloser Unterwäsche und ebensolcher Phantasie geisterte durch die Gegend. Ebenso gehörten zu den Leuten in der Wurzerstraße der Komponist Willi Matthes mit seiner angetrauten Schönheitskönigin, Residenztheaterintendant Henrichs, der kopfschüttelnd einfach nicht begreifen wollte, daß sein »Ännchen-von-Tharau«–Spielplan leider nicht mehr abendfüllend war, und Marlene-Dietrich-Dichter Friedrich Hollaender. Nicht zu vergessen die herbe Carla Hagen und der blitzgescheite Wolfgang Lukschy, in Fachkreisen einfach »Lackschuh« genannt. Er weiß immer den letzten und besten Witz. Sein letzter Lieblingsausspruch: »Die Regel bestätigt die Ausnahme, sagte die Jungfrau und machte Liebe. Da blieb die Regel aus.«

Immer aber, wenn die Nebel fallen, muß der Chronist an den großen grauen Riesen denken, der lange sein berühmtester Nachbar war. »Sir Sarkasmus«, der Fritz Kortner. Und es gehörte immer zu seinen Sternenviertelstunden, wenn ihn der »Fritzleben«, wie sich Kortner selbst in einem Buch nannte, zu einem kleinen Ratsch aufforderte. Und es erfüllt ihn heute noch mit Stolz, daß er in dieser Biographie ebenfalls erwähnt wurde. Die betreffende Seite würde er sich jedenfalls wesentlich lieber an die Brust stecken als manchen Orden.

Nun besitzt der Verfasser seit längerer Zeit schon eine kleine Sammlung von gezeichneten Seelen. Figuren der Zeitgeschichten haben ihren unsterblichen Teil, so wie sie glaubten, daß er aussehen würde, auf ein Blatt Papier gemalt: F. J. Strauß zum Beispiel, Udo Jürgens und Prinz Konstantin. Und wenige Wochen bevor für den großen Fritz der letzte Vorhang fiel und der Applaus für immer verrauschte, hatte Kortner, am Randstein stehend, nach längerem Sträuben auch noch sein geheimstes Konterfei preisgegeben. Ein Gebilde, das weder Albrecht Dürer noch Pablo Picasso hätten besser oder künstlerischer ausdrücken können. Fritz Kortner machte nämlich nur einen einzigen winzigen Punkt auf das hingehaltene Papierblatt.

Die Karlstadt Liesl

Der zwölfte Dezember 1892 war ein Tag wie jeder andere. Und in den »Münchener Neuesten Nachrichten« stand zu lesen: »Prinzregent Luitpold hatte 14 Offiziere zu Gast. Es gab Grießnockerlsuppe, Rehschlegel mit Preißelbeeren und Kartoffelnudeln, Tiroler Landwein und zur Nachspeise heiße Maroni.« Im Theater am Gärtnerplatz spielte man die »Orientalin«. Bei Amann in der Neuhauserstraße wurden 85 Pfund Matratzenfedern versteigert, die Schranne meldete einen Weizenbestand von 862 Zentnern, dem Friseur Mathias Hopferl von der Sendlinger Straße lief ein Pfefferschnauzer zu, und in der Landschaftsstraße verlor der Stadttrompeter Glückschwer einen rot-weißen Bierzipfel. Nicht aber zu lesen war in den »Neuesten«: daß dem Bäckersehepaar Ignaz und Agathe Wellano im Anwesen Zieblandstraße 11 ein siebenpfündiges Mädchen geboren wurde, das den Namen Elisabeth erhielt. »Liesl.«

Sieben Kinder hatte der Brotschießer Wellano von der Dombäckerei, dessen Vorfahren aus dem Italienischen stammten. Und als die kleine Liesl ein bißchen trippeln konnte, durfte sie mit ihren anderen Geschwistern am Sonntag mit der Mutter zur Rosenau hinausgehen. Während der Papa daheim auf dem Kanapee schlief, denn ein Bäcker mußte seinerzeit noch um zwei Uhr früh raus zum »Dampfeln« und gute 15 Stunden arbeiten. Damals schon hatte die kleine Schleiferl-Madame Elisabeth, wenn sie in die Schule schwänzelte, ein Gesicht wie ein freundlicher, höchst erstaunter Jakobiapfel. Allerdings, die bösen Buben schrien ihr oft auch nach: »Wellano – Italiano – lebst a no.« Da ließ die Geschmähte dann einen Warnpfiff hören, wie sie die Lukis auf dem Bau ausstießen und den sie vom Hausmeister Micherl gelernt hatte, und die »Tratzer« verzogen sich schnell wieder.

Als es an der Zeit war, kam das Lieserl dann zum »Eder« am Viktualienmarkt in die Lehre, und nachher ging's dann gleich gar als Verkäuferin ins großmächtige Kaufhaus Tietz. Am Feierabend aber ging sie mit ihren Kolleginnen manchmal in die »Blüte« zu den Komikern. Auch in den »Bamberger Hof« nahm sie der große Bruder mit, zum Schnackl Franz. Über den mußte sie so lachen, daß sie der Direktor anredete: »Madl, du host aba an Humor, und dantschig bist aa, möchst net selba aa amoi mitdoa?«

Nach einer Woche stand tatsächlich auf dem Programmzettel neben den anderen Künstlern: »Fräulein Wellano, Soubrette.« Der Vater war natürlich dagegen: »Und wennst nacha a Flitscherl werst ...?« Die Liesl wurde aber weder ein Flitscherl, noch eine Soubrette, obwohl sie auf der Bühne sang: »Die Männer sind treu von eins bis um drei.« Denn nach der Vorstellung kam einmal ein langer dünner Mann an ihren Tisch und sagte: »Sie, Sie wern nia koa Soubrett'n net, da miassn S' vui dicka sei, aba Sie schaugn ja aus wia a Christkindl.« Es war Karl Valentin. Er verfaßte sogleich eine Parodie auf eine Opernsängerin, und das sang nun die Wellano am nächsten Tag: »Ach, nimm mir diesen Stein vom Härzen«, und aus ihrer Bluse holte sie dabei einen Pflasterstein und warf ihn auf die Bühne. Valentin erklärte: »Wellano – das geht net in München, des riacht nach Makroni.« Er schrieb 45 Namen auf einen Zettel von Adlmeier bis Zaglhuber, und bei Karlstadt blieben sie dann hängen. Es war eine Kombination des Namens vom Komiker Karl Maxstadt, den sie beide sehr verehrten.

Liesl Karlstadts Vater hat seine Tochter nie auf der Bühne gesehen. Er haderte mit ihrem »Gauklerberuf«, bis er starb. Die Liesl spielte dann eine Zeitlang ernste Rollen, die Kameliendame, oder im Müller und sein Kind, wobei meistens der ganze Saal mitsamt den Darstellern schluchzte. Die Singspielbühnen zogen durch die Münchner Stadtviertel, und eines Abends wartete Karl Valentin vor dem »Franziskaner Hof« und engagierte die Karlstadt für einen Soloabend. Daraus wurden 25 Jahre. Ein Vierteljahrhundert lebte und lachte die Liesl im langen Schatten des unvergeßlichen Valentin. Freilich, da wären auch schon ein paar Liebhaber ihrer barocken Erscheinung gewesen. Aber vor lauter Gaudimachen hatte die Liesl Karlstadt einfach keine Zeit für den Ernst der Ehe. Und außerdem wäre das ja auch fast eine Bigamie gewesen. Weil sie doch mit der Stadt München schon verheiratet war.

Alle ihre großen Erfolge erarbeiteten und feierten die zwei zusammen. Die Raubritter, den Firmling, den Sonntag in der Rosenau, die vielen Schallplattendialoge und alle die sanft idiotischen Balladen. Die Ideen zu den Kostümen, Gesänge oder komische Zwischenfälle entstanden ebenfalls auf diese Weise. Alles, was ihnen auf den improvisierten Proben einfiel, schrieben sie auf Zettel. Dann verteilten sie die Witze auf das Stück. Zuerst kamen die schwachen, in der Mitte die mittleren und zum Schluß die guten.

Dann aber kam der 9. Februar 1948. Und die Liesl telefonierte von der Hauptpost aus mit dem erkrankten Valentin und meinte mit ihrer mütterlichen Wärme: »Schau, es werd scho wieda, dua nur fleißig . . .« Und dann gab's einen Knacks in der Leitung, und die zwei waren getrennt. Für immer. Denn wenige Stunden später war Valentin tot.

Die Liesl mußte also jetzt ihrem Publikum allein Freude bereiten. Sie tat es im »Sturm im Wasserglas«. In zahlreichen Filmen, Thoma-Stücken und besonders in der Rolle der Rundfunk-Brandl-Mutter. Selber aber tankte sie ihren Lebenstreibstoff am liebsten zusammen mit ihrer Schwester Amalie in der bayerischen Bergwelt auf. Droben bei den Latschen, dem stolzen Edelweiß und den Murmeltieren, die doch fast genauso schön pfeifen konnten wie sie selber. Auch an einem Tag im Dezember, an ihrem Geburtstag, wollte sie die geliebte weiß-blaue Heimat wieder einmal von den Gipfeln der Berge aus sehen. Aber dann kam einer vormittags kurz vor zwölf Uhr. Und der zeigte ihr die Welt von ganz hoch droben.

Es ging alles sehr rasch. Die Amalie hatte der Liesl nur schnell eine Zeitung geholt an einem Standl in Garmisch. Und brachte sie ihr zusammen mit dem Kaffee ans Bett. Nachher wollten sie ein bisserl in die Höllentalklamm hinüber. Aber plötzlich sagte die Liesl: »Hoit mi amoi, Mali, mir is so komisch.« Die Schwester nahm sie gleich fest in die Arme, und sie sagte später: Dann hätte sie ganz genau gespürt, daß sie irgend jemand von ihrer Schwester wegdrücken wollte. Und die hat sie auf einmal so bittend angeschaut, als wollte sie sagen: »Mali, laß nur guad sei. I wehr mi nimma.«

Ganze zehn Sekunden hatte die lange Reise der Elisabeth Wellano aus der Zieblandstraße gedauert.

Wen die Götter lieben, den holen sie wohl schneller zu sich.

Erinnerung im Zweivierteltakt

Jedesmal, wenn der alte Mann in den Maximiliansarkaden an dem massiven Geldinstitut vorbeigeht, muß er daran denken, daß in den gleichen Räumen einmal ein Lokal war, in dem er und seinesgleichen ihren Jugendträumen bei gedämpftem Trommelklang im Zweivierteltakt nachschlichen. »Tropenbar« und »Café Keckeisen« hieß diese Sehnsuchtsfiliale, in der die scheuen Rehe und die blassen Kellerorchideen der Vorstädte ihr kurzes glückliches Leben in zärtlichen Tangoschritten hinter sich brachten.

Damals, kurz vor dem feldgrauen Tabula rasa, war auch immer ein tahitiäugiger Adonis beim Fünfuhrtee, der jedesmal einen sicheren »Biß« hatte, obwohl er nur einen einzigen dunkelblauen Anzug besaß, der nicht einmal auf »Tarzan« wattiert war. Begreiflicherweise waren alle anderen Gigolos sauer auf diesen stummen Reißer, der auch die steilsten Geishas wie nix wegschliff. Doch als dann die bekannte Symphonie mit dem Paukenschlag begann, war auch der einsame Sieger plötzlich weg vom Fenster.

Nach Tag und Jahr aber, wie der damals noch recht junge Mann mit zwei Tapezierernägeln auf den wunden

Infanterieschultern in Urlaub kam, war sein erster Weg natürlich ins »Keckeisen«, weil er dachte, vor seinen Silberlitzen würden die Bräute ganz gewiß in Ehrfurcht erstarren, so daß er sie nur mehr umzukippen brauchte.

Doch was sah er: Der schmächtige Konkurrent war auch schon wieder da. Aber in einer Aufmachung, die den Urlauber einfach erschauern ließ. Denn am Halse des stillen Tangolöwen baumelte ein Ding, bei dessen Anblick damals jeder junge Krieger postwendend eine Ganshaut kriegte. Nämlich das Ritterkreuz. Und der Heimkehrer war so bedient, daß er auf den nächsten Foxtrott direkt einen Walzer tanzte.

Doch als er dann zum Kellner Max flüsternd sagte: »Das hat doch jener einfach beim Kostümverleiher ausgeborgt«, da erwiderte der sonst so freundliche Malzkaffeejongleur ziemlich tiefgekühlt: »Ja, wißt ihr denn nicht, wer das ist? Das ist doch der Leutnant Marseille, der Stern von Afrika.« Darauf wurde der Herr Feldwebel rasch bedeutend stiller und trudelte schnell nach Steuerbord ab.

Und da fallen ihm auch gleich noch all die anderen Nahkampfdielen ein, die einst die Stätten seiner Siege und Niederlagen waren. Das »Café Orient« in der Sonnenstraße beispielsweise. Dort hatte sich doch auch einmal an einem blauen Septemberabend der lustige Xaverius Gantner zum fassungslosen Entsetzen aller Slowfoxjünger mitten in den Mund geschossen, während die Dreimannkapelle gerade die kleine Schmeichelmelodie spielte »Sag' beim Abschied leise Servus«.

Oder etwa das »Maria Theresia«. Berühmt und bekannt als Treffpunkt der Alleinmädchen und der Kinderfräuleins. Dahin ging man hauptsächlich, wenn nicht nur die Liebe, sondern auch der Hunger in einem nagte. Weil doch die treuen Perlen und Stützen ihr Abendbrot von der Herrschaft immer kalt in der Tüte mitbekamen. Und so die Herren ihrer Wahl vorher oder nachher kräftig stärken konnten. Auch im »Ringcafé« am Sendlinger-Tor-Platz war immer ein gehöriger Damenüberschuß. Im »Atlantik«, oder »Tusculum« wie es ganz früher hieß, dagegen gab es eine umlaufende Veranda über dem Tanzboden, die der »Schnellzug« genannt wurde. Dort waren die zweisitzigen Polsterbänke so angeordnet, daß sie niemals vom Feinde eingesehen werden konnten. Aber die

kleinen Seufzer und Schnauferer, die hier eventuell an-
fielen, stammten natürlich von keiner Lokomotive.

Herrlich war's auch im »Lieselott« in der Rosenstraße.
Hier verkehrten allerdings auch die älteren Herren »Fal-
tenreich« und die Jungfern »Streuselkuchen«. Denn im
Salon herrschte immer halber Kurzschluß, was die
Beleuchtung anbetraf, so daß auch Mädchen und Jünglin-
ge mit kleineren Webfehlern mühelos weggingen. Im
»Odeon-Casino«, einem ehemaligen, verschwiegenen
Menuettennest der bayerischen Kurtisanchen, fanden sich
in den goldenen zwanziger Jahren hauptsächlich der Bril-
lanten-Charly, die Kokain-Lulu, die bleiche Gräfin oder
der »leise Lui« ein. Bis schließlich blitzende Snobs auf
Gummisohlen darin Quartier bezogen und ein Autosalon
daraus wurde.

Von all diesen Melodienlauben ist nicht eine einzige
mehr übriggeblieben. Banken und Supermärkte fraßen sie
auf. Nur ein kleines Lied, das gerade jetzt öfters aus dem
Radio erklingt, erinnert noch daran, wenn irgendein kleiner Caruso die leise Weise singt: »Tanzcafé, wunderbares
Tanzcafé, du bist leider ganz passé« – aber deine Lieder
erklingen noch heute – manchmal.

Das Künstlerhaus

Beim Anblick des ehemaligen Münchner Künstlerhauses überkommt den Einheimischen ein Gefühl von leiser Melancholie und resignierter Bitternis. Und er blickt zurück im Zorn. Und denkt dabei an jene sagenhaften Tage, wo die Malerfürsten Lenbach, Kaulbach oder Defregger, Könige, Kronprinzen und Patrizier in dieser Gralsburg der schönen Künste aus und ein gingen. Weil dort nämlich jetzt Kaufleute, Köche und Registrierkassen eingezogen sind. Obwohl über dem alten Portal noch immer der schöne Sinnspruch prangt »Nobis et Amicis«, zu deutsch »Uns und den Freunden«. Und obwohl dieser Palazzo, den vor über 70 Jahren ein großzügiger Kultusminister, noble Münchner Bürger und freigeistige Mäzene »allen Künstlern Münchens zum geselligen Verkehr, künstlerischem Schaffen und als Mittelpunkt für Frohsinn, Rat und ernste Tat«, wie es in der Gründungsfestschrift heißt, gestiftet haben, ist in diesem Hause heute so wenig ein Münchner Künstler zu finden, wie eine Leber im Münchner Leberkäs. Und dort etwa einen Maler zu vermuten, wäre genauso dumm, wie in der Neuhauser Straße nach einem Steinpilz zu suchen. Ein Wanderer in die Vergangenheit vernimmt heutzutage im traurigen Säulenhof auch kein Cellosolo mehr, sondern höchstens das Geklapper von Suppentöpfen. Und da wo früher ein Bechsteinflügel stand, steht heute leider nur noch eine Geschirrspülmaschine. Dabei müßte dem Mann, der dieses Haus, das – frei nach seiner Chronik – »seinesgleichen nicht haben dürfte auf der Welt«, so zweckentfremdet hat, eigentlich sogar noch ein Orden verliehen werden. Denn ohne ihn hätte sich wahrscheinlich der Staat diese verschuldete Zuckerbäckerburg unter seine gierigen Nägel gerissen. Um dort dann vielleicht eine High-School für rechtsgescheitelte Ministranten zu errichten. Oder möglicherweise auch ein katholisches Brausebad mit Duschen, aus denen richtiges schwarzes Wasser herauskommt. Wenn das Gebäude nicht gar als Archiv für vergessene und abgelegte Wahlversprechungen Verwendung gefunden hätte.

Also muß man die Tat dieses bekannten Münchner Gastronomen wohl noch gönnerhaft nennen. Denn durch einen großzügigen Vertrag wird das Münchner Künstlerhaus immerhin im Jahre 95 wieder völlig schuldenfrei sein und von seinem augenblicklichen Treuhänder wieder an den Künstlerhaus-Verein zurückgegeben. Der es dann seiner eigentlichen Bestimmung zuführen will. Freilich mußte der vorübergehende Pächter auch noch als Untermieter einen orientalischen Teppichhändler mit übernehmen, ebenso wie eine rätselhafte Gesellschaft »Österreich-Bayern«, einen »Afrika-Verein« oder das »Königlich Marokkanische Konsulat«. Lauter Leute, die mit Kunst gewiß so wenig zu tun haben wie der Dienstmann Franke mit der Romy Schneider. Andererseits ist es dem jetzigen Hausherrn wieder als Plus anzurechnen, daß er neben einem hübschen kleinen Theater, zwei Puppenbühnen, der ältesten Münchner Künstlervereinigung »Allotria«, den »Juryfreien« und manchem fahrenden Sänger und reisenden Poeten Unterschlupf und Asyl gibt. Drum, so meint der Kritiker, wenn auch mit einiger Überwindung, darf man dem zeitweiligen Boß bei einiger Toleranz auch keinen Vorwurf machen, wenn er in den vorderen Räumen des Kastells keinen Rembrandt verkauft sondern Weinbrand. Und wenn auf den Speisekarten dieses Lokals kein Feininger steht sondern nur ein Ragoût fin. Einen Vorwurf jedoch, und keinen von der kleinsten Handelsklasse, muß man wohl dem bayerischen Staat, seiner Kulturpolitik und auch der fortschrittsgeilen Stadtverwaltung machen. Denn mit den paar Märkelchen, welche das Rathaus dem Künstlerhaus jährlich zur Verfügung stellt, kann man höchstens noch die Eingangstüren ölen lassen oder die Blitzableiterspitzen neu vergolden. Doch vermutlich hat das Gemeindeparlament schon deshalb nichts übrig für Leute, die nur mit Ölfarbe herumklecksen, weil sie diese ja selber braucht zum Malen der vielen Umleitungsschilder und Halteverbotstafeln. Und was das Bayerische Kultusministerium anbetrifft, so muß das von dem kargen Etat doch in erster Linie sicher ein paar Quadratkilometer dunklen Stoff kaufen und ein Faß Tinte, um alles das, was es dringend nötig hat, zu bemänteln und vertuschen. Und für den etwa verbleibenden Rest werden möglicherweise so dringend notwendige Dinge angeschafft wie Beichtstühle, Anleitungen zum Teufelsaustreiben und Anstecknadeln vom braven Bruder Konrad für die Hungernden im Schwarzen Erdteil.

Nun, der alte Grantler ist wohl etwas ungerecht mit seiner Kulturbetrachtung. Aber wenn er es so übersieht, so muß er auch immer wieder fragen, was hat man in unserer Zeit schon für die Kunst getan. Sicher, den Kunststoff haben sie erfunden und auch den Kunstdünger. Aber seit Jahrzehnten hat man hierzulande doch kein einziges Kunstwerk und keine einzige Sehenswürdigkeit mehr gebaut. Nur Kaufhöfe, große graue Wohnkolchosen,

Zuchthäuser, Kasernen und ein paar Müllverbrennungsanlagen. So betrachtet, kann der Ureinwohner zu dem Thema Kunst höchstens nur noch leise seufzen: »Do kunst glei woana.«

Maikäfer flieg

Im Gegensatz zu heute, wo er von Pflanzenschutzmitteln und sonstigen Chemikalien so hartnäckig gejagt wird, daß er es lieber sein läßt, sich im Frühjahr überhaupt durch ein winziges Bohrloch in diese Welt, die für ihn längst nicht mehr in Ordnung ist, durchzuarbeiten, und statt dessen schon als bleicher Engerling seine vierzehn Krabbelfüße streckt, bevölkerte der Maikäfer früher in großen Geschwadern Linden- und Buchenbäume. Er war ein Liebling der Kinder.

Schon unter den ersten Liedern, die der fabrikneue deutsche Erdenbürger von seinen Eltern vorgesungen kriegte, war das naive Poem vom fliegenden Maikäfer, das dann mit dem später schaurig wahrgewordenen Vers schließt: »Pommerland ist abgebrannt.« Woher dieser kleine unschuldige Brummer so populär war, konnte niemand genau sagen. Doch Wilhelm Busch behauptet in seinen Reimen fest und steif: »Jeder weiß, was so ein Mai-/ Käfer für ein Vogel sei.«

Ein Maikäfer mit einem echten Persönlichkeitswert mußte vom Besitzer eigenhändig gefangen werden. Denn wenn ihn blasse Herrschaftskinder, die bekanntlich alles haben müssen, nur von einem wieselhaarigen Vorstadt-

Lederstrumpf kauften, so bestand einfach kein richtiger Kontakt zwischen Herr und Haustier. Äußerstenfalls durfte vielleicht ein Jungtier zur Vervollständigung des eigenen Gestüts noch gegen ein anderes eingetauscht werden. Denn zu einer kompletten Maikäferfarm gehörten zuvorderst eine Anzahl Mandl, die man an den langen Fühlern erkannte. Ferner die gleiche Menge Weiberl, deren winziges Gehörn etwas kürzer ist. Und außerdem zwei bis drei »Kaminkehrer«, ausgezeichnet mit einem pechschwarzen Nackenschild, zwei »Bäcker«, die ein mehliges Genick aufweisen, und wenn möglich auch noch ein »Türke« oder »Pascha«. Diese sehr selten vorkommenden Schwirrmaschinchen haben am Flügelansatz ein knallrotes Wappen, ähnlich wie es manche vornehme Inder auf der Stirne tragen. »Türken« wurden im allgemeinen im Verhältnis von eins zu zehn an den zugelassenen Käferbörsen gehandelt.

Die Maikäferpirsch begann bei den erfahrenen Waidmännern manchmal bereits im frühen April. Und zwar stöberten diese Wilderer den kleinen Wicht schon im Winterschlaf auf, indem sie auf Wiesen und leider auch in den Anlagen den Rasen vorsichtig abhoben, um den traumtrunkenen »süßen Vogel der Jugend« mit sanfter Gewalt in ihre Zigarrenschachtel umzuquartieren. Diese Art der Hatz war aber genauso verfemt wie das Schwammerlsuchen unter dem Moose. Später dann, wenn die armdicken Bäumchen im Englischen Garten und in den Isarauen ihre ersten zarten Blätter trugen, wurden sie von rauhen Bubenhänden kräftig geschüttelt. Der geübte Safarimann wußte aber, daß er nach dem Purzeln und schweren Aufplumpsen der Beute noch eine Zeitlang warten mußte, damit er die Früchte seiner Leidenschaft auch entdeckte. Denn die erste Minute blieben die abgeschüttelten Duckmäuser noch mäuschenstill zwischen altem Laub liegen und stellten sich tot. Erst dann versuchten sie aus der Bauchlage wieder auf alle sechse zu kommen und verrieten so ihren Liegeplatz durch die entstehende Zappelei.

Am schönsten aber war das Maikäfertreiben abends auf den Wiesen, wenn sie zu ganzen Staffeln aufstiegen, um die mondgelben Laternen im Sturzflug anzugreifen. Da kauerte der Jungmann dann tief in der Hocke und spähte über die Prärie, denn so sah er das edle Wild schon im ersten Anflugsmeter aufsteigen. Mit geschwungenem Sackl ging's nun drauflos. Und war es dann dem Jäger gelungen, einen Liliputbomber aus den lauen Lüften herunterzuangeln, warf er sich mit seinen fünfundvierzig Pfund Lebendgewicht auf die Beute, die sorgsam zwischen den Falten des Kittels herausgeangelt und dann zuerst einmal unter leisem Erschauern in der warmen Hand gehalten wurde.

Manche Waidmänner allerdings ersparten sich diese Treibjagd auch, indem sie nur geduldig unter Laternen und Bogenlampen warteten, bis sich die dummen Adler der Dämmerung ihren Kopf an den trügerischen Sonnen eingerannt hatten und dann benommen zur Erde fielen.

In der Gefangenschaft wurde der Maikäfer zwar meistens sehr liebevoll gepflegt, und vor allen Dingen war er in seinem Verlies sicher vor dem gelben Schnabel der Amsel. Aber über die Ernährungsweise der leise dahindämmernden Frühlingsboten bestanden doch immer noch größere Unstimmigkeiten. Laugenbrezen oder Pfefferminzbonbon wurden glattweg abgelehnt. Auch die weit verbreitete Meinung, daß die leuchtenden Kerzen der Kastanie ein Maikäferdasein etwas erhellen würden, ist falsch. Wenn der Gevatter Brummbach überhaupt etwas frißt in dieser Übergangszeit, dann höchstens junge Lindenblätter. Und davon auch keinen Arm voll, sondern täglich vielleicht zwei.

Das Ende eines gefangenen Maikäfers war fast immer ebenso tragisch wie banal. Denn wenn ihn nicht eine gute Mutterhand an die Luft setzte, so wurde er in seinem Behelfsheim einfach vergessen. Und erst nach Wochen zufällig wieder entdeckt. Und da lag er dann brav und mit gefalteten Füßen in der immer noch stark riechenden Seifenschachtel. Immerhin aber war er mit dem Duft von Sauberkeit und Frische gestorben.

Der Schüler Müller II

In der Klasse 2b der uralten Volksschule für Knaben gab es einmal einen Lehrer, der Zeller hieß und der Sohn eines Kartoffelgroßhändlers war. Herr Zeller war ein Mann ohne Ehrgeiz und »so mittendurch halt«, wie die Buben sagten. Er legte sie mit derselben Phantasielosigkeit über, mit der er ihnen auch vom Popocatepetl erzählte.

Manchmal aber kam Herr Zeller mit einem langen Segeltuchfutteral in die Schule. An den Tagen, wenn nachmittags frei war. In dem Futteral verbarg sich eine doppelläufige Schrotflinte, die der Lehrer Zeller an diesen Tagen brauchte, weil er von einem alten Geschäftsfreund seines verstorbenen Vaters auf die Wildenten- oder Hasenjagd eingeladen war.

Nun war in der Klasse 2b auch der Charlie Müller, meistens Müller II genannt. Dieser Bub war schwer erziehbar, das stand sogar in seinem Zeugnis, regelmäßig seit vier Jahren. Wenn der Fritz Fürwitzer in der großen Pause vom Herrn Lehrer Zeller ein frisches Stück Kreide bekam, um seine Mitschüler, die schwätzten, während Herr Zeller im Erdkundezimmer allein seinen Leberkäs aß, aufzuschreiben, stand nachher als erster auf der Tafel: Müller II. Wenn der Lehrer dann zurückkam, sagte er ohne Erregung: »Müller II raus!«

Nun kriegten alle Buben eine Gänsehaut, weil der Charlie Müller soviel Mut hatte und, je nachdem, wie er aufgelegt war, vielleicht gar nicht hinausging aus seiner Bank. In diesem Falle ging der Herr Lehrer langsam auf ihn zu und zog ihn an den Schläfenhaaren vor das Katheder. Manchmal gab der Charlie mit schrägem Hals nach, manchmal nahm er auch den Lehrer bei der Hand und versuchte, ihm den Besitz seiner Schläfenhaare streitig zu machen. Schließlich blieb aber immer doch der Lehrer Sieger, und er schlug den garstigen Schüler ganz kurz und schnell mit dem spanischen Rohr.

Dann ging der Unterricht wieder weiter. Nach der letzten Stunde jedoch schlug der Müller Charlie seinerseits den Fürwitzer. Als er den oft genug geschlagen hatte, kam der auf die Idee, zusammen mit dem Lehrer aus dem Schulhaus zu gehen, fast bis nach Hause, weil die beiden den gleichen Weg hatten.

Da geschah es, daß der Herr Lehrer einmal einen ganz schlechten Tag hatte. Und an diesem Tage hatte wohl auch der Schüler Müller II eine ausgesprochen schlechte Konstellation der Gestirne. Er malte in der Pause in seinem Übermut den Lehrer selbst auf die Tafel.

Das Lehrerporträt war gar nicht schlecht gelungen, nur das Kinn war zu lang. Dies fand wohl auch der Lehrer Zeller, als er von der Vesper zurückkam. Diesmal zog er so stark an den Schläfenhaaren des chronischen Sünders, daß ihm Charlie Müller nicht widerstehen konnte. Der Schüler wurde vorne an die Fensterseite des Schulzimmers, vor den Dampfheizungsrippen, postiert.

»Rühr dich ja nicht vom Fleck, Müller II«, sagte der Lehrer, und sein Ton war ernst und streng. Es war ein Mittwoch, der Zwilling hing im grünen Futteral am Landkartenhalter. Diesen nahm nun Herr Zeller mit der rechten Hand herunter und zog hinten an einer Schnur am

Futteral. Da ging es auf. Heraus holte er den Wildenten-
böller mit den zwei düster funkelnden Läufen. Die Klasse
wurde stiller als beim Dominus vobiscum. »Schüler Müller, dein letztes Stünderl hat geschlagen, der Krug geht so
lange zum Brunnen, bis er bricht ...«

Dann spannte Herr Zeller zwei große Hähne, die laut
und kalt knackten. Der Schüler war im Gesicht grün
geworden wie ein schmutziger Ölsockel, und der Lehrer
hob die Flinte und schloß ein Auge. Da sagte der Charlie
Müller in die gläserne Luft hinein mit leerer, zu leihen
genommener Stimme: »Das dürfen Sie ja gar nicht, Herr
Lehrer, das dürfen Sie nie!« In dem Augenblick ging die
Tür zum Klassenzimmer auf, und der zierliche Oberlehrer
Kraus mit seinen wenigen glatten Haaren stand da. Der
Schüler Müller rutschte jetzt langsam mit dem Rücken am
Dampfheizungskörper hinab, bis er auf dem Boden saß.

Der kleine Oberlehrer Kraus aber sagte zum Lehrer
Zeller, der jetzt auf einmal recht lächerlich aussah: »Ich
muß schon sagen, Herr Kollege, ich muß schon sagen.«
Und er nahm ihn mit, den Kollegen, in das Oberlehrer-
zimmer, und der lange Hilfslehrer Mayer kam an diesem
Vormittag zur Aushilfe, und er blieb noch drei Tage, bis
der Lehrer Zeller wieder da war. Der hatte keine glückliche Zeit hinter sich, denn die Geschichte war bis zum
Stadtschulrat gegangen oder noch weiter. Beim Charlie
Müller aber hatte das Erschießen gar nichts geholfen. Er
blieb weiterhin schwer erziehbar.

Warum aber nun diese Erinnerung? Nun ja, weil der
Name Charlie Müller, der Berufsringer geworden war,
sehr oft in der Zeitung gestanden hatte. Bis vorgestern.
Da fand ihn der Chronist ganz klein gedruckt noch ein-
mal. Unter den amtlichen Bekanntmachungen nämlich.
Abteilung Bestattungen.

Gassenbuben

Zusammen mit den Studentenkapperln und den Motorradbeiwagen ist auch der Münchner Gassenbub fast völlig verschwunden. Er hat dem sachlichen Holiday-Boy Platz gemacht, der mit künstlich verwaschenen Jeans an der Ecke steht und mit seinen freien Stunden nicht viel mehr anzufangen weiß, als sie gnädig anzubeißen und dann wieder gelangweilt wegzuschieben. Er wartet in manchen Fällen wohl nur darauf, bis er endlich ins Rockeralter hineinwächst und dann die Handhabung von Fahrradketten erlernen darf. Denn es gibt nur noch ganz wenige Buben zwischen sechs und zwölf Jahren, die wenigsten noch aus der Überlieferung ihrer unkompliziert aufgewachsenen Eltern die kleinen Wonnen und Freuden auf Münchens Vorstadtstraßen kennen.

So begann beispielsweise ein Ferien- oder Vakanztag immer damit, daß die Frau Mutter ihrem Sprößling dreißig Pfennige in einen Zettel einwickelte, auf dem »Haarschneiden« stand. Der Familienfriseur wußte dann schon wie. Entsetzt starrten die Delinquenten allerdings nachher auf ihre kahlen Lauskugeln und das zum Vorschein gekommene bucklige Gelände mit den jähen Tälern und den kleinen unvermuteten Erhebungen. Zufrieden aber

151

lächelte die ganze männliche Verwandtschaft, wenn der Bub genauso grausam barbiert worden war wie sie selber einst auch. Und kein Onkel ließ es sich nehmen, ihm im sanften Erinnerungsschauer in Gegenrichtung über das millimeterhohe Stoppelfeld zu streicheln. Dies löste zwar bei dem Getätschelten eine leichte Gänsehaut aus, aber bei dem erwachsenen Gönner auch fast immer ein Fünferl zum »Vaschlegga«. In den ersten totalen »Plattentagen« wurde nachher vielfach der entstandene Vollmond wegen des heißen Grinsens der Sonne und der kleinen Zopfliesln gerne mit einem an vier Ecken geknüpften Taschentuch abgedeckt und abgeblendet.

Zu den größten Wonnen eines kleinen Randsteinläufers gehörte auch immer schon das Barfußlaufen. Denn ein Barfüßler war nicht nur wegen der fehlenden fünf Millimeter Schuhsohle der Erde bedeutend inniger verbunden. Er spürte mit nie wieder empfundener Lust auch die warme weiche Teerstraße zwischen seinen Zehen, er konnte mühelos Steinchen, Steckerl und fremde Schusser mit den Naturgreifern aufheben.

Und mancher hochbegabte Amateurakrobat brachte es nach langem Training sogar fertig, den strapazierten Haferlschuh-Däumling, die große Zehe, gleich gar in den Mund zu stecken. Die Barfußsaison begann im frühen April mit den Argumenten: »Mama, bittschön, lang hoid an Bodn o! 's Pflasta is ja scho ganz warm und i bleib ganz g'wiß nirgends lang schteh.« Und sie endete erst spät im Oktober mit einem hartnäckigen Katarrh. Nur ungezogene und reiche Kinder durften nicht barfuß laufen. »Ellabätsch.«

Die restliche Kleidung eines Gassenbuben bestand damals meistens aus einer »Ledernen«. Diese war so hart und so wellig wie die Rinde eines uralten Apfelstrudels und kurz unter den Achselhöhlen des Besitzers mit einem vierzehnlochigen Hosenträger befestigt. Denn außer den tiefgekühlten Kinderlenden mußten ja auch noch die kommenden zehn Jahre darin Platz haben. Bei jüngeren Jahrgängen war auch die Leiberlhose sehr verbreitet mit »Falltüren« hinten und vorn, von denen ein schlampiger Kastellan meistens eine offen ließ.

Als besonderes Zeichen solider Familienabstammung galt aber keineswegs ein neues oder fehlerfreies Futteral, sondern eher ein solches mit exakt und viereckig eingesetztem Hosenboden. »Alles was recht ist, aber sauber hod s' es beinand ihre sechs Kinder, de Hacklin«, lautete dazu der anerkennende Kommentar.

Verstummt ist heute auch in den Vorstädten der Fassadenruf, der den mürben Verputz der Mietshäuser hinaufkletterte: »Bittschön, Mama, schmeiß ma a Brod runter.«

Wobei bei vielen hungrigen Bittstellern weder die Mama noch ein Stück Brot am Fenster erschienen. Vergessen ist bei fast allen Kindern die schlichte Kunst des Grashalmzirpens, das Pfeiferlschnitzen und der Gebrauchswert von Ahornpropellern als Nasenzwicker.

Und wer von den veredelten Nachwuchs-Münchnern weiß wohl noch, daß eine Handvoll blanke Erde das beste Mittel gegen einen tückischen Bienenstich ist. Oder wer kennt das alte Hausmittel, beim lästigen »Schnackler« an drei Kahlköpfige zu denken, oder die umstrittene Methode, beim Brennesselpflücken nicht zu schnaufen, weil die dann nicht stechen würden?

Nein, die einst so harten Asphaltsöhne Münchens sind längst verweichlicht. Kein hochkarätiger männlicher Schorf, den man auch gerne »Baamhackl« nannte, ziert mehr ihre käsigen Shortsknie. Ihre Wadl sind kraftlos und dünn vom leimigen Herumlehnen, und mit ihrem zarten Gebiß vermögen sie vielleicht gerade noch das keimfreie Popcorn zu knacken, aber nimmermehr eine wilde Haselnuß.

Und wenn so ein Kümmerling mit dem Lift schnell zur Mami dann rauffährt, so ist diese schon selig, wenn Kai-Uwe wenigstens ein paar Würfelchen Dextroenergen zu sich nimmt. Einst aber lautete die sorgenvolle Mahnung der Vorstadtmutter an ihren heißgelaufenen Sprößling doch etwa so: »Dua net sovui rumlaffa, Bua, do kriagst bloß recht Hunger drauf. Schau liaba fest auf'n Bod'n hin, du glaubst ja gor net, was d' Leit heidzudog ois valiern.«

Der Brennessel-Rapido

Zwischen den Gleisen wuchs schon immer Hasenfutter.
Und jener Sauerampfer, von dem ein Gedicht so schön
sagt: »Er sieht immer nur Eisenbahnen – und nie einen
Dampfer. Der arme Sauerampfer.« Auf den grasigen
Abstellgleisen standen alte Feuerrösser, die Gicht in den
Pleuelstangen. Und am Sonntagnachmittag spielte der
Enkel des Herrn Stationsvorstehers auf ihnen mit dem
Bahnwärter-Karli »Sanitoga-Expreß«. »Tsch, tsch.« Seinen
Freund Karli brauchte er zum Zischen deshalb sehr not-
wendig, weil ihm selber vorne sechs Milchzähne fehlten.

Im Büro des Stationsvorstehers befand sich direkt
neben dem Schreibtisch ein Steuerrad. Damit regelte der
Zweispurkapitän die lokale Bahnfahrt. Manchmal zog er
auch die zwei Kuckucksuhrgewichte auf dem Perron hoch
oder legte einen abgewetzten Hebel um. Es waren acht
Stück davon da. Zwischen den Zügen gartelte er wohl
auch ein wenig in seiner nahen Suppengrünfarm. Schwertlilien, Pfingstrosen, Ananaserdbeeren und Rhabarber
wuchsen wirklich gern neben dem »Gare du Kopfsalat«.
Und Sonnenblumen, die im Herbst ausschauten wie die
Signale der Haltestelle »Kleines Leben«.

Eine Güterabfertigungsstelle war auch da. Auf der Rampe standen Milchkübel, ein Korb mit Tulpenzwiebeln, dürre Sträucher mit gelben Holzetiketten und manchmal auch eine ganz moderne Waschmaschine für eine Gnädige im nahen Vorort. Der Vater vom Bahnwärter-Karli, der sie seinem Buben erklären mußte, sagte ganz klar zu ihm: »Für die Eisenbahnerwäsch is de nix.«

Es roch immer ein wenig nach Ruß, nach Rehragout und Rückfahrkarten im verschlafenen Lokalbahnhofwartesaal. Und die alte Zeit hatte sichtlich vergessen umzusteigen. Sie war lieber dageblieben. In dem gußeisernen Schnörkelgeäst der Hinweistafel: »Fahrkarten hier« hing sie zusammen mit handgewebten Spinnennetzen und einem einfachen Vogelnest vom Muster sozialer Wohnungsbau.

Der blaue Automat in einer Ecke des dahindösenden Raumes war eine kleine Tankstelle köstlicher Kinderseligkeiten. Gebrannte Mandeln gab es da und Veilchenpastillen in Blecheiern, die eine automatische Henne legte, wozu sie aus einem Schnabel, der Tag und Nacht geöffnet war, sogar ein mechanisches Gackern hören ließ. Auch Drops, denen verblaßte Filmbilder beilagen, spuckte der gußeiserne Roboter aus. Bilder von der Lucie Doraine oder auch eines von dem wunderschönen Rudolf Valentino, dessentwegen angeblich fünf amerikanische Frauen freiwillig so lange Wasser geschluckt hatten, bis sie den Seemannstod starben. An der Wand hing auch noch eine Landkarte, schäbig wie der Jahreszins.

Auf einmal zischte eine eiskalte Kartoffel aus dem Küchenfenster der Frau Stationsrat. Eine zarte Verwünschung folgte ihr im Luftsog nach. Sie galt dem heuchlerischen Angorakater Fernando, der ein fliehendes Suppenhuhn hart bedrängte, das im noch wenig bekannten Butterflystil über die toten Gleise ruderte. So ein Duckmäuser, dieser Kater. Wo doch auf dem Gang sein volles Schüsserl mit der Milch von der betriebseigenen Goaß stand.

Nur fünf Haltestellen war der Weg der alten Lokalbahn lang. Schrill schepperten die Signaltöne über die abgewetzten Gleise. Der Kommandant der Station »Bagatelle« setzte seine rote Dienstmütze auf, die von oben haargenau ausschaute wie eine überhitzte Kochplatte. Schnaufend schickte sich eine Lokomotive, an der wohl schon James Watt herumgebastelt hatte, zur großen Fahrt an. Ein Mann stieg aus dem Tender und klopfte mit einem langen Hammer ein paarmal auf die Räder, als wollte er dem kleinen Feuerroß schnell noch die Hufe beschlagen. Und dann ließ der schienenmüde Dampfgaul auch noch einen langen Wasserstrahl, ohne dabei allerdings das Hinterrad zu heben. Obwohl es ihm der Hund des Lokomotivführers, der immer gerne mitfuhr, doch dreimal ganz genau vorgemacht hatte.

Die Fahrgäste des Brennessel-Rapido waren keine direkten Reisenden. Ein alter Rechnungsrat, der jedesmal gleich die Sperre umging, was eigentlich verboten war. Eine Frau, die ein kleines Kind dabei hatte, das »Mokolotiv« sagte und »Ging-Gang«. Vertreter mit ungeduldigen Auftragsbüchern, mehrere höhere Töchter, drei, vier Schrebergärtner und ein aufgeregtes Fräulein in Privatschwesterntracht. Die hatte wahrscheinlich auf ein Heiratsinserat geschrieben, wollte sich jetzt vorstellen und ehebettelte deshalb verschämt über die Bahnhofssperre hinweg. Ferner war womöglich noch ein Mädchen dabei, das ein Ringlein mit hellblauem Stein am Finger trug und an der Hand einen Jüngling hielt, der schon zum fünfzehnten Male drängte: »Sag halt ja.« Es fiel der Nachmittagsschönheit sichtlich schwer, dann die Antwort doch so lange hinauszuzögern, bis der Zug abfuhr.

Zuerst lief eine Zeitlang eine grüne Hecke neben dem Bähnle her. Sie war meistens ganz frisch und flach geschnitten. Und die Gassenkinder glaubten einfach nicht, warum man auf ihr nicht Radlrutsch fahren konnte. »Schau, das war einmal das kleine Schlößchen der Gebrüder Asam«, sagte dann irgend jemand zu seinem wildfremden Nachbarn auf der Höhe von Hinterbrühl und deutete auf das versteckte Kleinod hin.

Die alten Leute, die in den grauen Balkonhäusern entlang der schnurgeraden Strecke wohnten, nannten das brave Feuerrößlein, das im Tag zwölfmal stromabwärts schnaubte, auch gerne den »Rasenden Rheumatiker«. Sie erzählten sich auch, daß die Dampflokomotive immer große Mühe hatte, jene Höhe zu erklimmen, die nach einem berühmten Marschall getauft war. Ganz deutlich würde man, solange es bergauf ging, aus dem Keuchen und Rappeln des Zügleins die Worte heraushören: »Hoift's ma, hoift's ma, hoift's ma.« War dann der sanfte Hügel genommen, so seufzte die alte Rußtante wiederum erleichtert und dankbar in die keimfreie Gegend hinein: »'s geht scho wieda, 's geht scho wieda, 's geht scho wieda.«

Von den beiden Lokomotivführern, die auf der Lokalbahn ein halbes Jahrhundert fuhren, wurde berichtet, daß der eine feuerrot und ebenso böse gewesen sei. Der andere jedoch hätte kein einziges Haar mehr, aber ein gutes Herz gehabt. Der böse ließ nämlich den neugierigen und winkenden Barfußläufern, die immer an der Bahnschranke standen, einen zischend heißen Wasserstrahl an die entsetzten Wadl hin. Während der Plattkopf jedesmal ein paar Brocken Kohle vom Tender warf. Denn die Zeiten waren ein bißchen mies und die hohen Wohnküchen kalt. Dafür kannte auch die ganze Gegend den Namen des edlen Rosselenkers. Der Name des bösen aber wurde nie genannt.

Manchmal schubste auch noch ein Elektrokarren ein paar Waggons von der nahen Eisenhandlung mürrisch vor sich her. Und er stieß sie ziemlich brutal auf die Rangiergleise. Dort standen die Wagen dann viele Tage lang an den Puffern, die groß, rund und abwehrend waren, wie die Handflächen eines Landpfarrers, der das Böse entschieden von sich weist.

Die dritte Station war jene Gegend, in der die Häuser bereits Villen hießen und sehr von oben herab auf das schäbige Faucherl blickten, das sich durch die grüne Landschaftsschlucht schwindelte. Der Feldherr Ludendorff hatte hier gewohnt, und die alten Bäume mit ihren runden Domestikenköpfen standen alle in Hab-acht-Stellung, als ob der Schlachtenlenker vergessen hätte »Rührt euch!« zu kommandieren.

»Großhesselohe!« Ein kleiner Bub buchstabierte das Haltestellenschild umständlich und entschied dann eindeutig: »So heßlich is das doch gar nicht.« Ein paar Lehrbuben, die schon die ganze Zeit neben dem Zug herradelten, holten an der abfallenden Strecke einen großen Vorsprung heraus.

Und dann kam die Endstation mit dem herrlichen Namen »Höllriegelskreuth«, den der Zugschaffner mit einer Betonung ausrief, als wollte er einen ganz besonders guten Gesundheitstee anpreisen.

Auf dem Perron spielten ein paar blasse, stille Kinder ein Spiel, das auch damals fast nur noch ihre Eltern kannten: »Fahre, fahre Zug, der letzte muß alles bezahlen.«

»Alles aussteigen!« Das schnaubende Dampfroß machte noch einmal »Pffffuu«, wie ein Radfahrer, dem die Luft ausging. Und irgendein Witzbold machte jeden Tag genau denselben Witz und sagte, sich vor Lustigkeit halb verschluckend: »Jetzt is d' Lok in an Nagl nei g'fahrn.«

's Garterl am Bach

Nein, es war kein Heimgarten, der kleine versteckte Knöterichkral hinter dem berühmten Weltstadthotel. Drum wuchsen halt auch keine Maßliebchen drin, sondern simple Maßkrüge mit kühlen weißen Bierdolden. Acht oder neun Brotzeittische dienerten höflich mit viereckigem Buckel vor sich hin. Ein paar wettermürbe, ausgediente Faßl, aus denen unbekannte Botanik gedieh, ersetzten die Nymphenburger Gartenvasen, am Eingang blühte ein Rosenbusch Reklame für alte Volkslieder, und die junge Kellnerin kam mit klappernden Holzschuhen und sparsamer Architektur unter dem Mieder und sagte mit süßer Schlampigkeit: »'s Good.«

Zur Straßenseite hin, wo schemenhaft riesige Benzinvampire vorüberschlichen, war das Garterl am Bach durch eine drei Meter hohe Blätterwand abgegrenzt. Die Schmalseiten der versteckten Kiesparkettoase bildeten die rückwärtigen Fassaden Altmünchner Miethäuser, die mit ihrem risotto-gelben Verputz und den roten Arbeiterorchideen der Geranienstöcke wie die Reiseprospekte für eine Sizilienfahrt ausschauten. Und auf der Wasserseite standen in loser Rührt-euch-Front wehrpflichtige Weiden und Espen. Wenn dann nachmittags der Bierwagen kam und die kühle Suppe vom Faß abgeladen wurde, bewegten sich die Blätter der Bäumchen im sanften Dreiuhrwind wie tausend grüne kleine Hände, die eifrig Beifall klatschen möchten.

Dahinter aber schwindelte sich schnell und scheu ein Stadtbächlein vorüber. Lautlos wie ein Zimmerherr, der die Schuhe in die Hand genommen hatte, um an seiner Zimmerwirtin vorbeizukommen, weil er halt die Miete bereits im vierten Monat schuldig war. Nur dort, wo er sich bücken mußte, um unter dem Haus hindurch in sein eigentliches Quartier, den Englischen Garten, hindurchzuschlüpfen, schimpfte er mit feuchten Lippen ein bißchen in sich hinein.

Geheimnisvoll jedoch war das dunkle Loch, in dem er verschwand. Es schaute fast aus, als würden die Mauern des uralten Wirtshauses, das darüber stand, bereitwillig O-Beine machen, damit der nasse Bruder leichter durch konnte. Vielleicht führte auch eine versteckte Falltüre von der dämmrigen Gasthausküche direkt in den Bach hinab. Wie im Edgar-Wallace-Roman »Das Haus an der Themse«. Und möglicherweise war da mancher festverschnürte und geknebelte Zecher, der seine Radlermaß nicht bezahlen konnte, schon hineingestoßen worden. Freilich konnte es auch nur sein, daß die Köchin jeden Abend durch diese Luke einen Korb mit schmutzigen Tellern hinunterließ. Die dann über Nacht von braven Weißfischkindern ganz sauber abgeleckt wurden, so daß man sie am Morgen frisch abgespült wieder herausziehen konnte. Wer weiß, wer weiß ...

»O Vater unser«, auf einmal standen auf dem äußersten Kaminrand des himmelhohen Hotels zwei Kaminkehrer und schauten direkt ins Garterl hinab. Wenn von denen plötzlich einer niesen hätte müssen, wäre der weiße Preßsack, den ein müder Handlungsreisender gerade unter

ihnen verzehrte, bestimmt ein schwarzer Preßsack geworden. Die Kellnerin hatte die zwei auch gesehen, winkte
hinauf und schepperte dazu mit ihrem Geldbeutel. Die
beiden Textilneger lachten zurück und riefen auch etwas
hinunter, das sich anhörte wie: »Heit auf d' Nacht.«

Dann schüttelte ein junges trällerndes Mädchen aus
einem Fenster der Risotto-Front ein Tischtuch oder weißes
Laken aus. Das erinnerte irgendwie an eine Kapitulation,
als wollte die Nachmittagsschönheit zu verstehen geben:
»Ich werde keinerlei Widerstand leisten. Man kann mich
jederzeit besetzen.«

Wenn dann der Abend kam, leuchteten im kuschelnden
Laub reife gelbe Birnen aus Glas auf. Wie das Nachtessen
für einen Fakir, der gerade seinen Obsttag hat. Und
manchmal ging draußen auch der berühmte Schauspieler
Fritz Kortner vorbei. Langsam, lauernd, stumm. Der große alte Mann und der Zorn. Oder die Therese Giehse kam
vorüber. Weil sie doch hier in der Nähe wohnte.

Um diese Stunde waren auch gern ein paar Pärchen in
der heimeligen Feierabendlaube. Ganz hinten saß ein junger Handwerker bei seiner blonden Halben und dem
gleichfarbigen Fräulein Braut. Nach einer Weile und ein
paar geflüsterten Zärtlichkeiten, wobei die junge Dame
ein wenig verschämt lächelte und nickte, stand er auf und
nahm die langhaarige Gelegenheit mit zarter Hand am
Wickel. Sein Bier hatte er ganz vergessen.

Und das kleine Garterl am Bach ist auch schon wieder
längst vergessen. Denn vor Jahren hat man es einfach
zugeschüttet.

Das Café Haarpuderwaberl

Im Schatten des Alten Peter befand sich Münchens ältestes Kaffeehaus, das Café Neumayr, das in grauer Vorzeit auf den seltsamen Namen »Haarpuderwaberl« hörte. Wenn eines der zweiundzwanzig Fenster zum Viktualienmarkt hinaus etwas geöffnet war, wehte ein leiser Duft nach Mittelmeer und Kasloaberl herauf, und man konnte sehen, wie die Marktfrauen lautlose Klimmzüge an ihren Preisen machten, wenn sie mit der Kundschaft handelten. Keinem Gast wäre es eingefallen, hier nach der Bedienung zu rufen. Man wartete halt, bis sie kam. Die alte Emmi hatte einen grundguten Lederapfelkopf, Brennscherlocken und Boxcalfstiefel. Hinter der spanischen Wand am Büfett stand eine Thermosflasche mit Gesundheitstee, den sie alle zwei Stunden trank. Man konnte auch Malzkaffee bei ihr bestellen.

Wer von den Gästen noch nicht fünfzig Jahre alt war, gehörte gewissermaßen noch zu den jungen Spritzern. Manche alten Stammgäste trugen bis zu fünf glänzende Drehbleistifte sichtbar im Joppentascherl und Krawattennadeln, die Hufeisen oder Reitpeitschen darstellten. Den Herrn Oberst a. D. erkannte man mühelos an den grünen

Wickelgamaschen, unter denen die lange Unterhose mangelhaft gerollt war. Das Lüstersakko, der ehemalige Sonntagsharnisch des guten Beamten, verriet den Pensionisten. Wenn die Alten beim Reden heftig gestikulierten, sah man, daß sie rote Gummischnürl ums Bünderl des Flanellhemdes gespannt hatten. Aus rätselhaften Gründen.

Die Leute im Café hatten viel Zeit. Am liebsten hätten sie ihren Kaffee auch mit Zeit bezahlt, aber auf überflüssige Stunden konnte man halt niemanden herausgeben.

Eine Ecke wurde von Schachspielern beherrscht. Sie trugen Nickelbrillen und nachdenkliche Frisuren. Die Königin faßten sie nie an der Taille oder an einer anderen respektlosen Stelle an. Niemand sagte »Schachmatt«. Aber der Erfolg richtete dem Sieger behutsam das Rückgrat auf. Mit einem Rundblick suchte der Glückliche die Kellnerin Emma, die ihn verstand und nickte. Andere lasen viele Zeitungen, zunächst »Unsere Toten« und »Entlaufen«, dann »Leben und Treiben in der frühen Kreidezeit« und »Ein Posten Biberschwänze günstig zu verkaufen«. Sie lasen alles. »Der Hund sitzt drauf«, »Schellebelle« und »Grinsebinse« meldeten die Kartenspieler an den Marmortischen. Sie spielten Tarock oder Sechsundsechzig. »Hoch in die Sechzig«, sagte der Gewinner, wenn er einundsechzig Augen hatte, oder auch einfach »dausad«. Der Verlierer zählte zweimal halbleise. Die Kiebitze waren zahlreich, allwissend und schadenfroh. Sie konnten selber nur um den Ersten herum spielen, wenn die Rente kam.

Vielleicht gab es auch irgendwo eine eigene Stummelfabrik, denn nie sah man einen in dem alten Café eine ganze Zigarette anzünden. Beim Billard wurden die Lanzen genauso begeistert geschwungen wie einst auf Winnetous Pfaden. »Klick« machten die glänzenden Bälle. Wenn dann der Albertini spielte. Hinter dem Rücken durch, von oben auf den Zehen, oder lauernd am Rande der grünen

Filzwiese liegend, wurde es still. Er war der Beste. Er war schon früher immer der Häuptling gewesen.

Gegen Abend schloß das alte Kaffeehaus. In der leise ausrollenden letzten Kugel verdämmerte die winzige Silhouette des Alten Peter.

Zeit des Backenstreiches

»Auch ich war ein Firmling mit lockigem Haar«, sagt der kahle Onkel Willi zum kleinen Tonerl und lächelt ein bisserl schief. Und weil doch der Anton Saladinger einer der fünfzehntausend kleinen Münchner Anwärter auf den feierlichen bischöflichen Backenstreich ist, erzählt er ihm, wie das seinerzeit so alles war, wenn dieser bedeutende Tag herannahte.

Da galt es, zuerst einmal das Problem des Herrn Paten zu lösen. Freilich gab es in der Stadt damals eine Anzahl großer Wohltäter und Gönner. Zum Beispiel den Herrn Kaufhausbesitzer Uhlfelder. Oder einen hochangesehenen Brauereiinhaber. Diese Mäzene nahmen jedesmal gleich zwanzig Buben und mehr unter ihre gönnerhaften Fittiche. Aber meistens mußte sich ein Miethaussprößling halt in seiner »eigenen Liga« einen »Göd« suchen. Höchstens, daß sich vielleicht der Kohlenhändler am Eck, oder bei ganz artigen Kindern der Vorstand vom Mietgartenverein zur Verfügung stellte. Und bei der frommen Zeremonie seine schwere Hand auf die zarten Schlüsselbeine eines Gassenbuben legte. Beim Onkel Willi war's der Eisenbahner Schorsch. Ein Stammtischspezl vom eigenen Herrn Vater, der jedoch sehr viel schnupfte. Weshalb er vorher auch hoch und heilig versprechen mußte, am Vormittag des Festes seinem geliebten Laster zu entsagen. Denn es konnte mit Recht befürchtet werden, daß der Pate Schorsch sonst womöglich gerade in dem Moment, in dem der Herr Bischof vor ihm stand, einen völlig ungeziemenden Niesreiz bekam. Ferner war da auch noch die problematische Geschichte mit der Firmungsuhr. Denn so ein Zeitmesser war in einer Mietskaserne des alten Münchens gewiß so kostbar wie heute vielleicht ein Kreiselkompaß. Aber die Lösung war rasch gefunden. Der Onkel Willi bekam ganz einfach die Uhr vom eigenen Papa zu leihen. Aber nur für den einen Tag. Sollte ihn dann später ein Schulspezl möglicherweise fragen, wo denn seine Festtagsuhr wäre, so hätte er zu antworten: »De is guad aufg'hob'n.«

Als passenden Anzug händigte man dem schmunzelnden Erzähler eine dunkelblaue Kammgarnkluft aus mit Schinkenärmeln und einer Hose, die eine Handbreit über dem Knie endete. Der Anzug stammte vom Verwalter Karli. Er war eine Art Leih- und Pachtgabe an die armen Kinder des Hauses. Dazu kamen selbstgestrickte schwarze Wollstrümpfe, die entsetzlich juckten. Doch ein junger Asphaltindianer kannte nicht nur keinen Schmerz, sondern auch kein Kitzeln. Aus dem tadellos weißen Schillerkragen ragte am feierlichen Tag ein viermal gewaschener Hals. Und auf dem schnurgeraden Wasserscheitel prangte der schwarze Sonntags- und Beerdigungshut vom Familienvorstand. Mit zahlreichen gefalzten Einlagen der Sonntagszeitung unter dem Hutband.

Dem zu erwartenden sanften Wangenstreich ging das Gerücht des sechzehnjährigen Hausierer-Micherls voraus, der Herr Bischof hätte in dieser Hinsicht eine ganz saftige Handschrift. Doch am betreffenden Tage ging's dann trotzdem mit knarzenden Schnürstiefeln, knurrendem

Magen, aber unerschrockenen Auges in das Gotteshaus
Sankt Korbinian. Und das Ganze tat natürlich auch nicht
weh, von dem Standbein des Paten Schorsch, das eine
Zeitlang auf Willis jungen Zehen ruhte, abgesehen. Und
als der leise Schauer der Frömmigkeit vorüber und verweht war, ging's zum nahen Stammwirt zum Weißwurst-
zuzeln, wobei es rasch »vier zu eins« für den Herrn
Schorsch stand, denn der war beim Essen selbstverständlich der Schnellere. Nachmittags durfte der Firmling unter
Aufsicht des Paten zweimal die Uhr aufziehen und dann
auf dem Hinterbrühler See eine Stunde Kahn fahren.
Nachher waren beide vom Spritzen mit den Rudern so
naß wie Froschmänner.

Zum Abschluß des feierlichen Tages aber hatte die gute Mutter beim strengen Herrn Papa schließlich noch erwirkt, daß der Bub bis zum Anzünden der Gaslaterne auf der »Gass'n« bleiben durfte. Allerdings mußte er dafür am andern Tag einen langen Schulaufsatz schreiben und der hieß: »Die Firmung, der schönste Tag meines Lebens.«

Requiem für einen Gasableser

Durch den schlafenden, sockensanften Morgen knarzten die soliden Stiefel des städtischen Gebühreneinnehmers Melchior Wiegetritt. Er war einer der letzten eines aussterbenden Stammes, denn der brave Strom- und Gasverbraucher zahlt heute seine Schuld bargeldlos. Viele Millionen Treppenstufen hatte der wackere Münzensammler während seines langen Kleingeldlebens bestiegen. Elfmal war er von Hunden gebissen worden, siebenmal zu einer Josefsehe ermuntert, und einmal war er sogar regelrecht die Stiegenhaustreppen heruntergeflogen, die ihm die Welt bedeuteten. Denn ein Ami, der bei dem blonden Zimmerfräulein Mia Bittgesang zu Besuch gewesen war, hatte ihn wohl wegen sciner bescheidenen Schirmmütze für den gesuchten Martin Bormann gehalten.

Nun betrat der geduldige Melchior wieder einmal jenes alte Mietshaus, das er auch ohne Hausnummer sofort an dem sanften Geruch nach Witwen, Wirsing und Wacholderbeeren als eines seiner liebsten Kinder erkannt hätte. Gleich parterre wohnten die Haberls. Und als der Gasmann auf die kleine weiße Schwachstromwarze am Türstock drückte, erschien wie immer der kleine Edi barfuß und brunnenwasserhaarig, und sein »Mama«-Ruf klirrte den Gang entlang und prallte auf eine Frau mit einem versorgten Holzapostelkopf. Sie zählte den geforderten Betrag aus einer goldrandigen Kommuniontasse auf die flache Hand des Kassiers. Und den Rest von einundzwanzig Pfennig kitzelte der verwegene Sprößling mit einer Haarnadel noch aus seiner Patentsparkasse.

Dann läutete der Gasmann am nächsten Wohnungsdeckel. In der Türe erschien der Spitzbart des Rentners Salzmann. Er war hart und steif wie ein Mohnzöpfchen, weil er ihn seit Jahren beim Kaffeetrinken ein bißchen in die Tasse tauchte. Das verlangte Geld fingerte er aus einem Portemonnaie, das mehr Falten und Fächer hatte als eine Ziehharmonika. Endlich hatte er die bescheidene Summe zwischen geweihten Amuletten, mehreren Gummischnüren, einem Patenthosenknopf und dem Abzeichen einer längst erloschenen Schützengesellschaft herausgefischt. Da freuten sich alle beide sehr und gaben sich zum Abschied kräftig die Hand. Im ersten Stock antwortete auf das Glockengebimmel der Hund Jericho mit einem schrecklichen Ultraschallgewinsel. Nach einem längeren Hausschuhgeschlürfe nahte der ehemalige Buntmetallhändler Mager, dessen Gesicht so zerknittert war wie eine weggeworfene Semmeltüte. Als er die Höhe des Betrags erfuhr, beschimpfte er im Rückwärtslatschen den völlig unschuldigen Gasometer auf dem Gang und drohte ihm sogar mit spitzknöcheliger Faust. Zahlen tat er jedoch nichts. Das besorgte seine Ehefrau, die längst hinter ihm stand und dem Gebührenableser beschwichtigend zuwinkte.

Die nächste Kundschaft waren die zwei Rentnerinnen Amalie und Walburga, die hinter der Sperrkette flüsternd berieten, ob sie öffnen sollten oder nicht. Doch dann holte eine ihr altes Lorgnon, schaute durch den Spalt hinaus und kicherte erkennend: »Ach, der Herr Gassekretär!« Bis vor drei Jahren hatte die Walburga immer wieder versucht, ihre Schuld mit einem alten Reichsmarkzwanziger zu begleichen. Bis ihr der Gasmann endgültig klarmachen konnte, daß er nicht mehr galt. Da hatte sie nur in maßlosem Erstaunen gesagt: »Jetzt so was!« Drei Parteien suchte der Wiegetritt wie immer umsonst heim. Sie bekamen eine Zahlungsaufforderung durch den Briefkasten.

Im vierten Stock wohnten drei Einzelabnehmer. Die linke Pforte ward aufgetan, und einen Schuhschachteldeckel als Palette in der Linken, den kobaltnassen Pinsel in der rechten Hand, stand ein Maler im gähnenden Mansardenschlund. Geld hatte er keines, aber einen unerschütterlichen Glauben an seine Zukunft. Trotzdem bekam er wahrscheinlich in der nächsten Zeit Besuch von einem gewissen Herrn Zanglmeier, der den Zählerhals mit einer sechskarätigen Bleiplombe schmückte.

Auch bei dem mittleren Besucher hatte der Melchior kein Glück – wie immer. Es war ein reicher, aber geiziger Makler, der sofort bei der Nennung des Betrages einen Ausdruck ins Gesicht bekam wie ein Kabeljau, bei dem man eine Taschenpfändung vornehmen will. Dagegen bat ihn das Fräulein Elvira in ihr geräumiges Wohnzimmer und nötigte ihn, auf einem strapazierten Sofa Platz zu nehmen. Dann suchte sie sämtliche Fächer ihrer sieben Handtaschen durch und sang dazu ein bekanntes Hamburger Lied, das so endet: »Meine Ehre, die ist mir genommen ...« Zwar zweifelte Herr Wiegetritt keinen Augenblick an diesem Geständnis, aber die lustige Elvira förderte einfach keinerlei gültiges Erz zutage. Einmal vor sieben Jahren hatte sie auch versucht, den braven Gasmann mit einer Währung zu bezahlen, die zwar internationale Gültigkeit hat, aber leider vom städtischen Energiewerk nicht angenommen wurde. Seufzend stellte sie schließlich die erfolglose Suche ein, lächelte weithin blitzend mit fünf herrlichen Goldplomben und meinte: »Morgenstund ist aller Laster Anfang.«

Das Haus der frühen Jahre

Es ist das Haus der Kindheit, das wir nach Jahr und Tag noch einmal besuchen. Und als wir die Tür vorsichtig öffnen, seufzt dieser hölzerne Bruchbudendeckl in den Scharnieren genauso wie einst in der Kniehosenzeit. So wie ganz abgeklärte Leute es tun, wenn sie in der milden Spätsommersonne sitzen und leise sagen: »Hm, ja, ja.« Die schmale Straße vor der betagten Mietskaserne hat längst eine glatte Asphalthaut bekommen. Sie ist jetzt in einer Richtung gesperrt und auf einem Blechpfeil, der blau eingesäumt ist, steht »Einbahnstraße«. Weiter vorne beim Beamtenblock hält heute sogar ein dicker verchromter Omnibus. Die vier Ulmen vor dem Haus stützen sich mit den obersten Ästen direkt an den graugestrichenen Balkonen auf. So, als wären sie selbst auch schon recht müde geworden. Aber trotzdem sind wir immer noch nicht sicher, ob sie einen Buben getragen hätten, wenn er einmal vom höchsten Stiegenhausfenster hinübergesprungen wäre wie Tarzan. Nein, das wird wohl für immer ein ungelöstes Problem bleiben.

Zwischen den Bäumen hat die neue Verwaltung jene Mulde, wo sich einst eine große Wasserlache bildete, pflastern lassen. Und kein Kind findet hier mehr ein kleines Glück im Baaz, wenn es sich nach einem Wolkenbruch den weichen, dicken Pfannenkuchenteig zwischen den Zehen durchquellen ließ.

Der Hausgang und das Treppenhaus sind sicher schon zum fünftenmal geweißelt worden. Gegenwärtig in einer gräßlichen Ockerfarbe, die ein tüchtiger Vertreter, dessen Namen keiner weiß, dem Hausverwalter angedreht haben muß. Bravo! Und sicher wird deshalb auch vergebens nach jener Inschrift gesucht, die einer wie wir vor vielleicht fünfzig Jahren für die Ewigkeit mit einem krummen Nagel in den Zementsockel beim Treppengeländer eingraviert hat: »Ich Esel muß alles lesen.«

Im Hausgang riecht es noch genau wie vor vielen, vielen Jahren nach »Einbrennsupp'n«, und im Nu sind wir wieder zehn Jahre alt. An der ehemaligen Hausmeisterwohnung im Parterre läuten wir. Erst nach zweimaligem Drücken öffnet ein alter Mann mit marmorierter Pupille und schaut den Besucher schrägäugig an. Es ist kein Zweifel, der Alte ist der Bene, der Gespiele unserer Ringelreihenzeit. Der weiße Augenfleck stammt von einer Amateuraufführung des »Wilhelm Tell« im Rückgebäudehof. Der Bene mußte sich damals an die Teppichstange hinstellen und sagen: »Schiaß nur hera, Vadda, do is da Apfe.« Worauf ihn der Pfeil vom Heppler Steffi ins Auge traf. Nun kommt er zögernd und in Fleckerlschuhen aus der Wohnungstür, ist verlegen – und nur langsam zieht mit Frage und Antwort das Schicksalspanorama der Jugendfreunde und alter Nachbarn vorüber.

Der Haslinger Walter vom Parterre, so erfahren wir, der schon als Bub nach Italien wollte, kam wirklich in das Land seiner Kindersehnsucht. Sogar etwas zu tief hinein. Nämlich auf den Heldenfriedhof bei Monte Cassino. Auch der Webersperger Franzl, der immer weinte, weil ihn die schwarzen, selbstgestrickten Strümpfe so bissen, braucht sich heute nicht mehr zu kratzen, weil er am Wolchow schläft. Im ersten Stock, beim Maurer Fuchs, der im Viertel das erste Schnauferl besaß, ist längst ein anderes Messingschild an der Tür. Gegenüber wohnte früher die lungenkranke Frau Schleich, die ihr Leben in einem Lehnstuhl auf dem grüngestrichenen Balkon aushustete. Eines Tages riefen wir ihr, wie alle Tage, vom Treppenhausfenster aus das »Grüaß Good« hinüber, und als sie keine Antwort gab, liefen wir alle erschrocken in unsere Wohnungen. Nachmittags kam dann der schwarze Leichenwagen, an den sich der Mayer Gaggi mit seinen scheppernden Rollschuhen anhängte.

Im zweiten Stock wohnten die Niedermaiers, die eine extragestrichene Wohnungstür hatten und hochdeutsch sprachen. Der Sohn Bobbi besaß vor einem Vierteljahrhundert großes Ansehen, er konnte nämlich seine Nase in den Mund stecken. Die Niedermaiers, erzählt der Bene, sind später nach Guatemala ausgewandert. Jetzt so was!

Die kleine, zarte Steiner Meisi vom dritten Stock bekam als Pausebrot stets ein mit Apfelschnitzerl belegtes Eierweckerl mit in die Schule. »Ja, de wohnt no da. De hod im Fuaßboitoto an Zwoifa g'habt, seitdem schpinnt s'.« Der Rudi Unverdorben ist Schutzmann geworden. Mit Hilfe der Bischl Mädi hatte er einmal seinen Kopf durch die Treppenfenstergitter im vierten Stock gezwängt und dann nicht mehr herausgebracht, so daß der Spengler Seibold die Eisenstange absägen mußte.

»Naa, die Eisenbichlerin is no ned dod, de werd hundert Johr oid.« Die Eisenbichlerin: Wenn wir als Kinder in der Wohnküche Sprungübungen vom Tisch herunter machten, klopfte sie mit dem Besenstiel von unten herauf, und ihr Mann, der »Laddierl«, mußte bei uns läuten und um Ruhe bitten. Er tat es mit einem stummen Augenzwin-

kern und deutete bei seinem Protestvortrag nach unten,
wo seine Frau an der angelehnten Tür horchte.

Der Bene hört mit seiner Erzählung auf, weil jemand
von der Küchentüre her zum Essen schreit. Über das Treppenhaus herunter kommt ein uraltes Weiberl mit Ringkämpferstiefeln. »Des is«, sagt der Bene noch rasch und
verschwindet. Wir grüßen die Frau. »Grüaß Good, Herr«,
sagt sie. Sie kennt uns wohl gar nicht mehr.

Als wär's ein Stück von mir

Das Schulhaus des alten Mannes steht da wie immer. Nur dem lächerlichen Zwiebelturm hat der Krieg die Spitze abgebissen und dann irgendwo hingespuckt wie einen ranzigen Wurstzipfel. Vielleicht war er nach seiner Tat so erschrocken, weil man ihm vom Oberlehrer Zwick erzählte, der hier drei Jahrzehnte lang sein Tatzensteckerl genauso mechanisch und phantasielos bewegte wie ein Nußbaumregulator seinen Perpendikel.

Es ist wieder einmal letzter Schultag in dem schäbig gewordenen Schiefertafelbunker. Und der Greis kann durch ein Fenster im ersten Stock genau erkennen, wie ein bejahrter Einmaleinsbeamter im leergewordenen Klassenzimmer die Stahlbrille abnimmt, die zwei wunde rote Punkte in seiner Nase hinterläßt, und die Gläser mit einem frisch gebügelten Taschentuch putzt. Und dann fährt er sich auch ein bisserl flüchtig und verlegen über die Augen. Wie jedes Jahr an diesem Tag.

Da rumpeln auch schon die entlassenen Buben aus der Eingangspforte, über der eine ausgehauene Obstgirlande aus Sandstein verbröselt. Ein wilder Typ stürmt der Horde voraus und zerreißt johlend das Zeugnis, das er gerade vorher bekommen hat. Der Wind treibt die Schnitzel mit

177

den Zensurfünfern gelangweilt vor sich her. Denn der Wind kann nicht lesen.

Der stille Zaungast wartet noch ein wenig, bis das Rudel schließlich auseinandergegangen ist, wie die Finger einer gespreizten Hand. Dann beobachtet er einen blassen, mageren Buben, der sich abgesondert hat und ganz allein und wohl zum letzten Mal den Weg, den er nun neun heiße Sommer und viele dunkle Wintertage gegangen ist, zurückwandert. Der Alte folgt ihm mechanisch. Und mit einem sonderbaren Gefühl muß er dabei denken: »Als wär's ein Stück von mir.« Zuerst versucht das träumend dahinschlenkernde Bürscherl, ob es mit Anlauf den untersten Ast der ehrwürdigen Blutbuche neben dem verwaisten Radlerweg noch immer im Sprunge erreichen kann. Er kann es. Dann balanciert er auf dem Randstein und ist dabei streng bedacht, daß er nach einem rätselhaften Vorstadtgesetz ja auf keine Verbindungsnaht tritt. Und der kindische Beobachter erwischt sich dabei, wie er das genauso nachmacht.

»Hallo, hallo«, aber was tut der minderjährige Traumtänzer jetzt? Beim Beamtenblock stößt er nämlich einen leisen Pfiff aus, genau vor demselben Parterrefenster, vor dem der spionierende Grauschimmel in der Zeit der Krokusse auch immer ein Signal gab. Und sofort erscheint das Gesicht eines wildlockigen Trotzköpfchens, stattliche vierzehn Jahre alt, haucht ein Busserl auf die Fingerspitzen und bläst es mit rotem Ringelmund zum schmächtigen Herzbuben hinab.

Nachher sitzt doch da auf einmal der gefürchtete Wadlbeißer vom Lumpengroßhändler Eisig tatsächlich am Wegrand hinter den sieben Bergen. Er ist so steinalt und verlassen, als hätte er die Arche Noah verpaßt. Und jetzt leckt er dem leise lockenden Jungspinner auch noch die Hand. Nicht zu fassen! Und den seltsamen Namen des

Köters weiß der milchgesichtige Tierfreund auch. Der ruppige Wurstzipfelwolf hieß nämlich wirklich »Herr Sedlmeyer«, wie der gespenstische Einzelgänger zu ihm sagt. Der alte Mann glaubt direkt an eine Halluzination.

Schließlich hält der Jüngling vor dem Hause Mondstraße Nr. 7. Und er nimmt einen unmodernen Schlüssel, der an einer langen dicken Kette hängt, aus dem Hosensack und sperrt damit die vernarbte Eichenholzpforte auf. Es ist die Tür zum Hause der Kindheit des Greises. Dann dreht sich der entlassene Volksschüler plötzlich um, schaut seinen verstörten Verfolger lange mit verschwommenen Taschenspiegelaugen an und schüttelt den Kopf mit einem matten Nimmermehrlächeln. Und eine Tür fällt ins Schloß.

Der betagte Wanderer aber fragt seine alt gewordene Schusserbraut, die Siegel-Mausi, die wie immer im Hochparterre aus dem Fenster heraushängt: »Sag amoi, wia hoaßt denn des junge Bürscherl, des grod in unsa Haus neiganga is?« Worauf die Mausi ein bisserl g'spaßig erwidert: »Jetz schaug i scho fast zwoa Schtund'n do raus, aba i hob überhaupt koan oanzig'n Menschen neigeh seng. I moan oiwei, mit dir is wos. Denn genauso hods nämlich beim König Ludwig a o'gfanga.«

Lehrlings-Los

Weil der Verfasser überall hört und liest, was für eine Lehrlingsmisere im ganzen Land herrscht, fällt ihm jene Zeit wieder ein, wo auch er und seinesgleichen auf der Suche nach einer Zukunft waren. Damals hießen die Zeiten, in denen ihm ein bescheidener Magermilchflaum um die trotzigen Lippen wucherte, den man so treffend Eisenbahnerbart nannte, weil nur alle Station ein Haar zu sehen war, so schön prahlerisch die »goldenen zwanziger Jahre«. Doch für die meisten jungen Menschen waren sie leider nur Dublee. Und durch die Zeitungen oder auf dem Arbeitsamt einen Lehrplatz zu finden, war wohl genauso aussichtslos wie in einem Mütterheim nach einer Jungfrau zu suchen.

Viele wackere Erwachsene sagten deshalb zu ihren Sprößlingen, wenn sich dieselben ganz leise beschwerten, daß sie im dritten Ausbildungsjahr immer noch am Samstagnachmittag die mürb getröpfelte Bettvorlage der Frau Meisterin ausklopfen mußten, jedesmal mechanisch: »Ja mei, Lernjahre san halt keine Herrnjahre.« Oder gleich gar noch ein bisserl zynischer: »Lern was, Bua, damit du was zum Vergess'n hast.«

Und so ging denn auch der Verfasser mit seinem Schulzeugnis, seinen Talenten und seinen Jugendjahren hausieren. Und er lernte dabei leider auch zahlreiche Westentaschenbosse kennen, die zwar von ihrer Landgemeinde, von der sie kamen, beim Abschied fünf Mark bekommen hatte, damit sie ja nicht sagten, woher sie stammten, dafür aber mit Hochmut genauso aufgeblasen waren wie der damalige Zeppelin.

Und so ein Wichtlein, der vielleicht im Gasthaus »Zum Fetten Löffel« seine Noten vorzeigte, wurde dann womöglich schroff mit der Begründung wieder abgewiesen, daß er schließlich im Singen keine glatte Eins habe, die er in diesem lausigen Pferdefleischschuppen wahrscheinlich zum Brikettzählen dringend benötigt hätte. Oder der Metzgermeister Kuttl wies die Bewerbung eines minderjährigen lernbegierigen Salamiingenieurs zurück und deutete dabei mit seinem schlecht gereinigten Zeigefinger auf das »Genügend« im Rechtschreiben hin, das ihm wahrscheinlich deshalb so ungenügend vorkam, weil der Bub dann vielleicht seine ranzigen Streichwürste auf dem Preisschild mit hartem »ei« geschrieben hätte.

Immerhin aber fand der Chronist dann doch noch einen zweiten Bildungsweg und einen Lehrplatz. Zwar durfte er dort nicht als Büchsenmacher das Rohr für einen Bärentöter fabrizieren, was er doch so gern getan hätte, dafür aber konnte er durch die drei Meter langen Installationsröhrl, von denen er etwa zehn Millionen weiß streichen mußte, ins ferne Gebirge seiner Wunschträume schauen. Als angemessenes Entgelt wurde ihm der Hungerlohn von einer Mark wöchentlich im ersten Lehrjahr zugesagt und für jedes folgende ein weiterer Silberling.

Das erste, was er nun lernte, brachte ihm der Oberstift bei, der bis dahin immer die Brotzeit für den einzigen Gesellen geholt hatte. Nämlich ein Viertelpfund »Radfahrerwurst« einzukaufen, wie die gefürchtete Blutwurst wegen ihrer unbegrenzten Elastizität auch hieß. Und weil dieser wissenshungrige Vorstadtbub seinem braven Gehilfen jedesmal drei Scheiben davon geklaut hatte, zeigte er dem Verfasser haargenau, wie das Einwickelpapier nach vollbrachtem Diebstahl wieder zu falzen sei. Jedoch verlangte er dafür – als ständige unkündbare Abgabe – eine Wurstscheibe als Leibrente.

Und als zweites handwerkliches Rüstzeug wurde ihm ein weithin hörbarer schriller Pfiff aus dem Nibelungenmotiv gelernt, der dann auszustoßen war, wenn der Meister in Sicht kam. Meistens tat er dies auf einem Opel-Fahrrad, das geputzt werden mußte, und dann hatte es der Lehrling vorsichtig in die Wohnung des Chefs am

Stadtrand zu schieben. Und zwar so zu schieben, daß er selber immer auf der Fahrbahnseite gehen mußte, was er anfangs nicht recht begriff. Bis ihm schließlich klar wurde, daß er deshalb die Straßenroute nehmen sollte, weil dann bei einem eventuellen Zusammenstoß nicht der Opel-Einsitzer beschädigt wurde, sondern höchstens der Lehrbub.

Keine noch so winzige Gewerkschaft kümmerte sich damals um die blutjunge Schokoladenseite des unbekannten Elektrostiftes. Und weil eine Mark Wochenlohn zwar ungemein lange reicht, wenn man einmal tot ist, aber sonst bekanntlich so lächerlich ist, daß selbst Karl Valentin in seinem berühmten »Spritzbrunnen-Aufdreher« auf die Frage, wie er denn mit einem Markl auskommen könnte, nur stirnrunzelnd zur Antwort gab: »Ja, wenig is es scho, aba man muß es sich halt einteil'n.« – Deshalb beschloß der Chronist zum Zwecke eines Zugewinns kurzerhand, auch noch ein Dichter zu werden.

Und deshalb hatte er auch bald schon sein erstes Werk vollendet. Es hieß selbstverständlich »Der Lehrling« und lautete:

> Sein Haupt umschwirrten viele Mücken
> Er ging gebückt einher
> Die Sonne stach ihm in den Rücken
> Der Meister schlug ihn sehr.

– Und so etwas wurde nie gedruckt!

»Herz, Schmerz und sonst noch was...«

Die erste Liebe sitzt etwa eine Handbreit unter dem Brustbein. Dort, wo auch der Hunger und das schlecht gelernte Einmaleins zu Hause sind. Denn erst später verschieben sich bekanntlich die menschlichen Gefühle. Etwas höher hinauf oder auch hinunter. Dafür sind sie dann jedoch lange nicht mehr so chemisch rein und ungetrübt wie in der Kindheit. Denn mit der Länge der Dauer nützen sich doch alle Eindrücke und Empfindungen stark ab. So daß der Erwachsene längst nicht mehr so aufmerksam schauen, so scharf hören, so hell denken oder so köstlich riechen kann wie ein wacher Dreikäsehoch.

»Ene bene subtrahene – divi dave domino«, hieß doch einer der Zaubersprüche aus der Zeit des allerersten Händchenhaltens mit der Jugendgespielin Mimi Donnerschlag. Die sich einst im sanften Ringelreihenwind mitdrehte und aus unerklärlichen Gründen immer etwas gerner gemocht wurde als die anderen Schneewittchen. Und irgendwann schenkte ihr der erste frühe Freier womöglich sogar einen güldenen, wenn auch geklauten Schusser. Und sie ließ den blutjungen Bräutigam dafür an einem Samstagnachmittag vom Streuselkuchen beißen.

Etwas später in der Abc-Schützenzeit nahm der frühgeliebte Tonerl dann die Hausmeister Mimi auch schon manchmal in Schutz, wenn ihr ein kleines Leid geschehen könnte. Indem sie bei einer Schneeballschlacht auf dem Schulweg vielleicht mit dem eiskalten Puder Frau Holles eingerieben werden sollte. Auch nach dem schmerzhaften Stich einer bösen Wespe war er schnell zur Stelle und saugte den heimgesuchten Ort mit ehrlichen und rissigen Bubenlippen aus. Oder er holte den versprungenen roten Gummiball unter tollkühnem Einsatz seiner gesamten Rückseite aus dem Heimgarten des gefürchteten Verwalters. Durfte der Tonerl jedoch ein Rundschreiben ins Schulzimmer für Mädchen tragen, so ging ein leises Gegluckse durch die nach weichen Bleistiften riechenden Bankreihen. Die jungen Squaws pufften sich gegenseitig sehr in die grünen Seiten, und der verschämte Hausbote verschluckte sich viele Male und begann stotternd zu spucken wie ein kleines Kamel im Zoo. Um diese Zeit war dann auch plötzlich auf irgendeinem Mauersims zu lesen: »Die Mimi schihbd mit dem Andon.«

Dann kam auch schon bald der erste Kuß. Haargenau zielte der minderjährige Kavalier mit verkniffenen Lippen nach dem Mund seines jungen Glücks. An ihrem zarten, leicht transpirierenden Profil glitt er jedoch ab und traf sie knapp hinter dem linken Ohr am Kinnwinkel, wo sonst die Boxer ausgeknockt werden. Es nahte die Zeit des Wochenendtanzes. Da spielte die Kapelle den zärtlichen Mayonnaisenschlager: »Herz, Schmerz und sonst noch was...«, und die Mimi legte ihren tadellos gereinigten Unterarm zärtlich um die Schultern des düster blickenden Gigolos. Am Tisch aber saß Tonis Freund, Hans Karl Eierling, der wegen seines aufgerauhten Teints auch kurz der »Streuselkuchen« genannt wurde. Und der immer nur bescheiden lächelte und der Mimi gelegentlich das abgerissene Uhrenarmband reparierte. Deshalb sagte sie auch, der Hans Karl sei ein Pfundskerl. Was sich später tatsächlich herausstellte. Denn plötzlich machte die junge Liebe eine Krise durch. Nur deshalb vielleicht, um zu spüren, wie so was tut, gingen die beiden mit wortlosen Katarrhaugen grundlos auseinander. Dann schrieben sie sich sehr schmerzhafte Gedichte. Und auf einmal schob sich tatsächlich noch ein kleiner echter Trotz dazwischen und vor allem auch der liebe Freund Hans Karl. Und aus dem Spiel wurde Ernst.

So kommt es denn auch häufig vor, daß die erste Liebe meistens nicht auch die wahre ist. Stattgefunden hat sowieso kaum was. Wenigstens beim Anton damals, wegen technischer Schwierigkeiten und den vielen Schleifen, Bändern und Haken, die er niemals zu lösen verstand. Dieses Problem löste indes fast spielend der duckmäuserische Streuselkuchen. Da er doch als Lehrling im dritten Jahr bei der bedeutenden Firma Mieder-Meier im Versand arbeitete und deshalb ungemein »ortskundig« war.

Liebesbriefsteller

Vor 50 Jahren standen viele Bestseller in den Bücherregalen oder sie wurden auch in verblaßten Birnbaumschubladen aufgehoben, die heute fast niemand mehr kennt. So Gustav Freitags »Soll und Haben«, das »Pfarrer-Heumann-Buch«, Traumbücher, der »Lahrer hinkende Bote« und vor allem auch der »Liebesbriefsteller«.

In diesem Gefühlsknigge war für jede Situation im zärlichen Verkehr eine genaue Gebrauchsanweisung enthalten. Die Kapitel hießen: »Die Kunst der Anknüpfung von Bekanntschaften«. »Einladung zum Theaterbesuch«. »Dank für einen schönen Abend«. »Aufforderung zu einer Landpartie«. »Malwine, ach, vertrau mir doch«. »Darf ich um die Hand Ihrer Tochter bitten«, und »Jung gefreit, nie gereut«. Das Vorwort führte in die Kunst des erfolgreichen Briefeschreibens ein. Nach diesem praktischen Leitfaden konnte dann der Austausch der gegenseitigen Liebesnoten mit der berechtigten Hoffnung auf Erfolg in Gang gesetzt werden.

Kleine Betriebsunfälle gab es nur, wenn beide Liebesleute den gleichen Ratgeber benutzten, weil sie dann die Antwort schon immer im voraus wußten. Die Briefe selbst waren vielfach mit Aufklebeschildchen in Gestalt von schnäbelnden Tauben oder Vergißmeinnichtgirlanden geschmückt. Minderbemittelte Liebende kerbten den Briefrand auch mit einer Schere ein und malten mit Farbstiften rings um ihre Botschaften geheimnisvolle Zickzacklinien. Eine Art Elektrokardiogramm ihrer Herzen.

Stellt man den vorgeschriebenen Geständnissen vergangener Tage jeweils eine jener Mitteilungen gegenüber, wie sie heute etwa zu den gleichen Anlässen zwischen der Tschänni und dem Harry gewechselt werden, so lautete eine zarte Anknüpfung 1902: »Gnädigstes Fräulein Jutta von Geldern! Ich sah den Abdruck Ihrer entzückenden Stiefelettchen gestern früh am Schwanenteich. Lassen Sie meinen unwürdigen Fuß am nächsten Sonntag um zehn Uhr neben ihm schreiten.« Und heute: »Hallo, Blondy, ich steh' auf Sie, habe zwei Catcher-Karten. Treff morgen, zwanzig Uhr. Okay?«

War die Bekanntschaft schon etwas weiter fortgeschritten, so empfahl der alte Liebesberater: »Herzliebste mein! Nimmermehr kann ich jetzt einen Menschen sehen, denn meine Augensterne würden mich sogleich verraten. Tief in meinem Herzen trag ich eine heiße Flamme, die mich zu verzehren deucht. Weltfern sei meines Glückes Fülle, begraben, wo sie nichts verrät.« Und der Harry: »Kleines Schrapnell. Bist ehrlich eine steile Braut. Nur der Longrange-Step beim Kasatschok haut noch nicht recht hin. Bis dann.«

1910: »Wann, Geliebte, darf ich es wagen, Deiner hochgütigen Frau Mama und Deinem überaus geschätzten Herrn Vater unter die Augen zu treten, um ihn um das Teuerste zu bitten, das es für mich auf dieser Welt gibt. Deine weiße Lilienhand.«

Der Harry von 1976 läßt wissen: »Ich hab schon Bauchweh, wenn ich mit deinem Alten ein paar Takte reden soll. Das leiken die Fans gar nicht. Aber schickst ihn halt einmal vorbei bei mir.«

Naht die Eifersucht, so schlägt der Herzenskatalog ein Gedicht vor: »Lebe wohl und laß mich still verbluten, denk an mein Elend nie zurück, in meinen heißen Herzensfluten, verberg ich still mein kurzes Glück.« Der moderne Liebhaber tut kund: »Hast mich ja ganz schön verschenkt für diesen Nikolaus. Da lach ich ja. Mach's gut, Baby.«

Fürs Happy-End, das es auch schon damals gab, stehen gleich zehn Verse zur Auswahl im Leitfaden. Einer davon: »Du Diebin mit der Rosenwange, Du mit den blauen Augen Du / Dich mein ich, wird Dir noch nicht bange . . .?«

Der Romeo von heute: »Tschänni, Du bist doch mein höchstes Faß, und ich bin jetzt für immer Dein Master.

P. S. Vergiß die Pille nicht!«

Das Carlton

Alles war immer vornehm, verschwiegen und stilvoll in den feinen dämmrigen Carlton-Teestuben, und wenn irgend jemand plötzlich laut und kräftig gelacht hätte, wäre ihm bestimmt auf Kosten des Unternehmens eine Fahrkarte nach Amerika überreicht worden. So wie es früher bei verluderten Söhnen edler Sippen der Brauch war. Auch wenn zwei Gäste einmal miteinander diskutierten, so klang das nicht lauter, als wenn sich zwei Stubenfliegen stritten. Selbst die verträumten Liebespaare, die sich manchmal verirrten, schwiegen sich ganz inniglich an. Alte Rittmeister und Hagestolze dagegen schwiegen sich aus.

In dieser Teestube gab es nur Lehnsessel. Jeder so groß und anheimelnd wie ein mittlerer Kachelofen. Auf den kleinen Tischchen mit den geschnitzten dackelkrummen Nußbaumbeinen standen Blümchen. Seltsame blasse Zauberblüten, wie sie wohl die Märchengestalten von Joringel und Jorindel in blauen Vollmondnächten fanden. Kleine Deckchen aus Brüsseler Spitzen verschoben sich pausenlos und wurden von den Serviermädchen immer wieder in geduldigem Lächeln zurückgezupft. Diese Blätterteigmamsellchen waren ebenso vornehm wie ihre Umgebung, in der sie arbeiteten. Und keine von ihnen hieß vielleicht

Leni oder gar Minna. Sondern Dorothie, Maud und Chiquita. Alle trugen das zierliche weiße Darjeeling-Diadem mit derselben Würde und Selbstverständlichkeit im mattschimmernden Henna-Haar wie die Königin Sirikit aus dem fernen Südseeland ihre echte Krone. Trinkgeld nahmen sie grundsätzlich keines. Aber sie akzeptierten es gnädig und scheu. Bei ganz besonders vornehmen Stammgästen lächelten sie eine Spur zur Begrüßung und machten eine winzige Sorte Knicks dazu. Zum Abschied sagten sie den mageren Hagestolzen flüsternd ein paar Takte Französisch ins Ohr: »Merci, Monsieur.« Und deckten das auf dem Kaffeetablett zurückgelassene Wechselgeld schnell mit dem Unterteller zu. Ein zaghaftes Lächeln versuchend. Manchmal kam auch ein kleines Damenkränzchen in das stille Chippendale-Sanatorium. Dann wurde Schwarzwälder Kirschtorte verzehrt und mürber Biskuit. Auch Portwein aus jenen langen dünnstieligen Gläsern, die schon beim Hinschauen allein umfallen, wurde genippt. Beim Teetrinken nahmen die Gäste die zarten Porzellantassen mit Daumen und Zeigefinger am zerbrechlichen Henkel und spreizten den kleinen »Rechtsaußen« weit weg, so als hätte er sich unanständig betragen und dürfe deshalb nicht mehr »Anteil« nehmen.

»Café Vorgestern« hieß das »Carlton« auch in gewissen Kreisen und bei bestimmten Spöttern sogar: »Café Torschluß«. Selbst der magere Mann mit dem Trenchcoat und der Hundepeitsche, der später einmal soviel schrie, benahm sich immer ganz ordentlich. Meistens saß er mit ein paar Herren, die Wickelgamaschen trugen oder Reitstiefel, unter der matten Vierzig-Watt-Glühbirne beim alten Gobelin und flüsterte im Bombenwerferstil. Auch eine Dame saß hin und wieder in dieser Runde, und sie verdrehte die Augen von Zeit zu Zeit einwärts wie ein Fußballer die Stiefelspitzen. Es war eine englische Lady. Sie

war in den Hundepeitschenmann verliebt und brachte sich
später um. Wenn aber die Trenchcoat-Figur längere Zeit
ausgeblieben war und dann wieder kam, sagte die Chiquita vielleicht ganz leise zu ihm: »Entschuldigung bitte viel-
mals der Herr, aber der gnä' Herr haben letztes Mal vergessen, den Tee zu bezahlen.« Da griff dann der Ange-
sprochene in seine Hose, brachte aber meistens nicht mehr
hervor als ein Taschentuch. Dann zahlte einer von den
gestiefelten Katern mit knarzender Stimme für ihn.
Damals sagte der seltsame Gast auch noch »Grüß Gott«
zur Chiquita. Später aber, als alle »Heil« brüllten, hielt er
sich wohl selber für den Herrn, der das Heil bringen sollte. Und selbst als dieser Großmufti des Grauens dann
deutscher Reichskanzler war, ging er immer noch gerne in
das feine stille Café. Doch wenn er es verließ, benützte er
den verstohlenen Ausgang zur Finkenstraße hin. Immer
aber versuchte er einen linkischen Handkuß bei der blassen, ruhigen Inhaberin, die aussah wie das bleiche Blatt
des dreißigsten September von einem Abreißkalender aus
adeligem Büttenpapier.

Nun, das Trenchcoat-Phantom und seine Schaftstiefel-
horde gingen mit dem Wind der Geschichte. Das vornehme Café mit dem Geflüster aber ging in die Hände eines
berühmten französischen Juweliers über. Und auch die
schweigsame Besitzerin, die manchmal das leise Lächeln
der Gewißheit in ihren adeligen Zügen trug, daß die
Schatten länger werden, war eines Tages verflüchtigt wie
der Duft ihres Ceylon-Tees.

In den dreißiger Jahren jedoch gab es auch noch einen
Clan verspielter junger Männer, die damals die Rolle der
Rubirosas, Pignataris und von Gunter Sachs einnahmen.
Auch sie saßen manchmal unter den dunklen Ölgemälden
und warteten wohl auf amerikanische Missen, die sie ger-
ne ein bißchen ausnehmen wollten.

Diese Edelstrizzis hatten alle zwar keine große Meinung von der Arbeit, weil sie ihren eigenen Schweiß nur schlecht riechen konnten, aber Herzen wie der Metro-Goldwyn-Meyer-Löwe. Denn im Krieg machten sie ihr Ritterkreuz, wie andere Leute ihren Führerschein. Und nach der großen Pleite, als ihre Jugend und ihre Kraft vertan und ihre Figuren auch ziemlich eisenhaltig waren, da traten sie nach hemingwayscher Art von ihrer kleinen Bühne ab. Der erste von ihnen fuhr mit einem leeren Straßenbahnwagen über die zerbombte Rheinbrücke direkt in den deutschesten aller Ströme hinein. Der zweite entschärfte freiwillig einen Blindgänger und erlebte dabei eine Himmelfahrt, so schnell wie sie noch nie ein Heiliger gemacht hat. Und der dritte wanderte aus nach Haiti. Doch der schäbige Frachter, mit dem er nach dort hinübergeschaukelt werden sollte, lief auf eine abgeschwemmte Mine und hinterließ nur einen drei Minuten währenden gurgelnden Trichter, bevor die See sich gelangweilt wieder glättete.

Wenn ein Heimgarten stirbt

Die alte müde Frau schaut mit stumpfen Augen zu, die glanzlos und abgegriffen sind wie die Schubladenknöpfe an einem schäbigen Vertiko. Soeben nimmt der Bagger ein kleines Gartenhäuschen zwischen seine erbarmungslosen Kiefer und beißt zu. Das splittert und knirscht genauso, wie wenn der riesige Bernhardinerhund vom Alten Wirt ein Brathuhn zermalmt, muß das graue Mutterl denken. Dann holt der mürrische eiserne Kaputtmacher mit dem Greifer zu einem gewaltigen Schlag aus. Zwar haut die riesige Eisenfaust zweimal daneben. Aber dann trifft sie halt doch das wehrlose Blockhäuschen vom Heimgärtler Widersinn direkt auf den Punkt. Und weg ist es mitsamt dem lächerlichen Taubenschlag auf seinem Giebel. »Wumm.« Nie gebaut und nie gewesen. Auch der kindische Doppeldecker, den der Widersinn einmal geschnitzt hatte, als er selber noch ein kleiner Bub war, wird zerfetzt und dann mit den anderen Spreißeln und Latten auf einen gefühllosen Kipper gespuckt.

Direkt neben der riesigen schwarzeingerahmten Tafel, auf der zu lesen ist: »Hier entsteht ein Appartementhaus der Nimmersatt AG« und die wie eine Todesanzeige für die alte, vielgeliebte Heimgartensiedlung ausschaut,

beginnt die kleine Musterfarm des Trambahners Sebastian Eisenreich. Seine Feierabendoase und sein Rettichparadies war das bis heute. Mit plumpen Raupenfüßen tappt der Bagger darauf. Zuerst streifen die Eisenzähne jene blauen gläsernen Märchenkugeln, die auf langen Stöcken um den versiegten Springbrunnen herumstehen. Und in denen sich die Gartenkinder immer so gern mit aufgeblasenen Backen oder langen Nasen spiegelten. Sie platzen bei der Berührung mit dem Riesen sofort wie Seifenblasen. Sein zaghaftes Widerstreben nützt dem Efeupalast, in welchem die Eisenreich-Muschi an einem längst verwehten Juniabend ihre erste Liebe erlebte, gar nichts. Und daß das kleine Fräulein damals beinahe an der bangen Schicksalsfrage: »Mogst mi du?« und dem berauschenden Duft der Wicken fast erstickt wäre, gilt heute auch nichts mehr. Die stumme Frau, die schon lange Witwe ist, verzieht ein bißchen wehmütig den Mund und die erschlafften Lippen und rechnet flüchtig nach: »Fünfzig, zweiundfünfzig, nein fünfundfünfzig Jahre ist das schon her.« Sie kann es nicht glauben und meint noch immer, die kratzende Schallplatte, die ihr der Sebastian zur heimlichen Verlobung in der verschwiegenen Liebeslaube vorgespielt hat, zu hören. »Meinem Mädel aus Wien hab' ich Rosen geschickt« hatte der schöne Text geheißen. Und sie war ihr ganzes Leben lang böse, wenn der Sebastian manchmal aus Frotzelei die Worte umdrehte und ihr zum Ärger vorsang: »Meinem Mädel aus Rom hab' ich Wiener geschickt.«

Schwarz, sauber und gut ist die Erde überall in dieser Feuerbohnen-Hazienda, die den schönen Namen »Sonnenglanz« trug, immer gewesen. Hunderte von fleißigen Händen haben sie ja herbeigeschleppt aus fruchtbaren Gründen und Gegenden, ausgesucht, durchgeworfen und gesiebt. Gar nicht zu reden von den Gassenbuben, die emsig hinter den Schafherden, die es einmal überall auf den Großstadtwiesen gab, herrannten und auch hinter den Aschentonnenpferden. Denn ihr Mist war halt doch der beste, und keine »Erdbeermarmelade« oder kein »Stachelbeergelee« war dann so gut wie das aus dem selbstgedüngten Garten. Was natürlich so einem Bagger vollkommen egal ist, denn er ernährt sich ja nicht von frischgezogenen, gewaschenen gelben Rüben, von geheimnisvollen, schwarzen Johannisbeeren oder krachknackenden Radieschen. Sondern ausschließlich von stinkigem Dieselöl. Möge ihm deshalb der geschmatzte Humus schwer wie spaltbares Material in seinem unersättlichen Magen liegen. Ebenso wie das Terrarium der Witwe Zeisig, das er auch noch schnappt mitsamt der stacheligen Hauswurz und den bis von der Bodenschneid geholten kleinen Felsbrocken.

Doch dann wird die verdrossene Frau Eisenreich wieder milder gestimmt, und ihr fallen die vielen bekannten Aussprüche ein über die Erde. Daß sie einem einmal leicht werden möge, und daß doch letzten Endes alles aus ihr wurde und auch alles wieder zu ihr zurück muß. Gerne hätte sie ein paar Blumentöpferl voll von der Sonnenglanzsiedlung mitgenommen. Aber in ihrem Altersheim wäre eine eigene Blumenzucht gar nicht gern gesehen worden. Weil das vielleicht den Anstaltsbediensteten zu viel Arbeit machte. Aber als das sinnierende Weiblein dann sicher ist, daß sie gar niemand beobachtet, schaufelt sie wenigstens rasch eine Handvoll von den dunklen Krumen in eine kleine Frischhaltetüte. Sie weiß zwar überhaupt nicht, was sie damit anfangen soll. Aber sie hat irgendwo einmal gelesen, daß das auch die Auswanderer tun, wenn sie ihr teures Heimatland für immer verlassen müssen. Als Andenken.

Thema Eins

Ich wuchs in einer Zeit auf, in der die Kinder viele Läuse hatten. Man sagte uns, die kämen von den Soldaten, und man kämmte die Mädchen mit harten, engzahnigen Kämmen, während den Buben die Köpfe einfach kahlgeschoren und nachher mit Petroleum eingerieben wurden.

Aber die kleinen bissigen Partisanen gaben nicht auf, und als die Mütter ihre wundgestriegelten Töchter nicht mehr jammern hören konnten, wurden auch die greinenden Zopflieseln radikal getrimmt. So kam es denn, daß wir Mädchen und Buben, wenn wir draußen am großen Fluß beim Baden waren, beim besten Willen nicht mehr auseinanderkannten. Erst wenn die zarten Ladys und die kleinen feuchtnasigen Vorstadtkegel ihre Kleider wieder anhatten, wußten wir, wer ein »Hans« war, wer eine »Gretl«. So war das bei mir. Mit vier.

Etwas später pflanzten wir manchmal auch Zwetschgenkerne in die gute Erde der Spielwiese. Oder auch solche von Sonnenblumen. Und damit dieses löbliche Werk auch prächtig gedeihe und auch Früchte trage, begossen wir es an Ort und Stelle kreuzweise, den dünnen Unschuldsstrahl mit vier Fingern regulierend.

Manchmal kamen dann auch vielleicht ein paar Dornröschen vorbeigelaufen und schauten kichernd zu, worauf ihnen unser Wortführer in triumphierendem Hochmut zurief: »Gell, das könnt's ihr nicht!« Da verschwanden die Schleifenmaiden mit lächerlichem Singsang und tuschelten wohl auch ein wenig nachher.

Später kam dann die Zeit des Doktorspielens. Aber nur in der harmlosesten Handelsklasse. Große Diskussionen ergaben sich da hauptsächlich über die Entstehung des Nabels. Die Hausmeister-Evi erklärte, diese Male kämen daher, daß, wenn der Storch die kleinen Kinder mit dem Schnabel aus »Abrahams Wurstkessel« herausfischen würde, wo die Babys in Massen herumschwimmen, er da wohl auch ein bißchen hineinbeißen müßte in die neckischen Nackedeis. Und die so entstehende Narbe sei dann eben der Nabel.

Die netteste Erklärung jedoch hatte die Marilli Scheu. Sie sagte, alle Kinder werden vom lieben Gott gemacht aus Lehm und dann in die Sonne gelegt zum Trocknen. Und jedesmal, wenn der allmächtige Herr die Reihen seiner Produktion abschritt, tupfte er seine Geschöpfe mit dem Zeigefinger auf die kleinen weißen Bäuche und sagte dazu: »Der ist fertig – der auch – und dieser auch.« Und dort, wo er hingedrückt habe, das sähe jeder Mensch heute noch, denn das wäre eben die Nabelmulde.

In der vierten Klasse, also mit zehn Jahren, kam zu uns ein Bub mit dem seltsamen Namen Lothar Lotus in die Schule. Er war irgendwo aus dem Schlesischen zugewandert, und der Turnlehrer, ein begeisterter Patriot, sagte zu ihm gleich in der ersten Zeit, als er sich beim Rundlauf dumm anstellte, er würde ihm seine roten Hammelbeine schon noch langziehen. Und da geschah es dann, daß dieser Lothar Lotus in der Religionsstunde, nachdem der Herr Kaplan zur freien Diskussion aufgefordert hatte, die ungeheuerliche Frage stellte, wie sich denn eigentlich Adam und Eva mit ihren Söhnen und Töchtern fortgepflanzt hätten. Da sagte der Herr Kaplan nur: »Heraus!« Und er nahm den Lothar am Ohr und führte ihn vor die Schulzimmertür.

Uns aber ließ die Fortpflanzungsfrage keine Ruhe mehr. Wir gründeten einen Klub, den wir »Frank Allan« nannten, nach dem Detektiv einer berühmten Heftchenserie. Und jedes Mitglied mußte in Wort, Schrift oder Zeichnung zur Aufklärung des Falles Nummer 1 nach Kräften beitragen.

Karlchen Kümmerle, der eine große rothaarige Schwester hatte, lieferte dabei den Hauptbeitrag. Eine genaue Zeichnung eines grauenhaften Vorgangs in zwölf Bildern, den er durchs Schlafzimmerschlüsselloch beobachtet hatte.

Diese Moritatenbilder erwischte natürlich sofort der Herr Kaplan, und der ganze Frank-Allan-Klub stand am nächsten Tag mit eingebautem Schulatlas im Hosenboden vor dem Rektor, um die reichlich verdienten »Übergelegten« in Empfang zu nehmen.

Aber dann passierte einfach gar nichts dergleichen. Der Herr Rektor, ein schweigsamer, gichtgeplagter Mann, lud uns nur mit ernster Stimme für nachmittags in den Physiksaal ein. Und dort hatte er dann viele Bilder an die Tafel gehängt und selbst auch eigene Zeichnungen gemacht, unter denen stand »richtig« oder »falsch«. Und wir erfuhren von ihm in zwei Stunden an einem hellichten Sommertag, und ohne daß auch nur einer von uns rot wurde, die ganze Geschichte »vom Onkel und der Nichte«, wie der Herr Rektor mit schmerzhaftem Rheumatismuslächeln sagte.

Mit vierzehn Jahren war ich also völlig aufgeklärt und bis ins kleinste Detail auf die Beziehung mit dem anderen Geschlecht vorbereitet. Jahre später trat die erste blonde

Versuchung an mich heran. Doch Leonore war genauso sachlich-kühl und allwissend wie ich selbst. Und da mußte ich an das geflügelte Wort meines geliebten Naturkundelehrers denken: »Grau, Freunde, ist alle Theorie ...«

Rosen — Tulpen — Nelken

In den ehrwürdigen alten Birnbaumschubladen, in wackeligen Vertikos und Sekretären bewahrten die Großmütter
neben der vergilbten Kommunionskerze, dem abgeschnit-
tenen Zopf und einem Pack Briefe, die als Marken die
Köpfe von Königen trugen und mit dem blauen Band
der Romantik zusammengebündelt waren, auch noch ein
ganz besonderes Buch auf. Ein Buch in zartes Leder
gebunden, mit vergoldeten Blättern und einem Silber-
schloß oder auch nur mit jenen Vergißmeinnicht bemalt,
die aussehen, als wären sie in Milch gekocht worden. Das
Poesiealbum. Den rührenden Brockhaus der ersten
chemisch reinen Gefühle aus der Zeit der frühen Krokusse. Ganz gewiß wäre in jenen Tagen kein schwärmerischer
Backfisch ohne ein solches Nachschlagewerk ausgekommen.
Denn wo man sich heute beim Besuch die farbigen Dias
von Alassio zeigt, blätterten die Trotzköpflein früher
kichernd und tuschelnd in diesem Lexikon der Erinnerung.
Doch jetzt, im Zuge der Stöberwut unter den Zeugen der
Vergangenheit, hat man es zusammen mit alten Butterfäs-
sern, Spinnradln, Petroleumlampen und Kutscherlaternen
neu entdeckt. Sogar bei den kessen Teenagern und Madi-
son-Zähnen gilt das Poesiealbum bereits wieder als »dufte«

und »gefragt«. Deshalb führen es wieder die Buchbinderläden in der Nähe der Vorstadtschulhäuser und sogar die noblen Geschäfte in der Innenstadt in ihren Sortimenten. Ebenso wie die sanft verkitschten Veilchenkränze, die gurrenden Täubchen, die Rosen so groß wie Blaukrautköpfe in den zarten Schnäbeln halten oder die zierlichen Rotkäppchenkörbe, mit den Kindern der Flora reich bestickt, zum Einkleben. Trotz all dieser nachgemachten Requisiten werden die neuen Andenkenbücher aber gewiß nie nicht die versponnene Dornröschenromantik der alten bebilderten Herzenskataloge erreichen.

Im vergilbten Poesiealbum der Jahrhundertwende gehörten die ersten Seiten den Eltern. Und der Herr Vater schrieb mit einem gekonnten Anfangsschnörkel wohl folgende korrekte Mahnung aufs Papier:

»Als Du geboren wardst, da weintest Du / Es freuten sich die Deinen / Leb so, daß, wenn Dein Auge bricht, Du dich freust / Die Deinen aber weinen.«

Eine kleine Girlande von wasserblassem Wasserfarbenmohn umgab dieses Poem, das die Frau Mutter auf Seite zwei dann mit lieblicher Hand ergänzte, indem sie zu bedenken gab:

»Die Jugend ist die Zeit des Säens / Im Alter reift die goldne Frucht / Doch wer als Jung die Saat versäumte / Vergebens Alt zu ernten sucht.«

Auch diese Lebensweisheit erhielt einen handgemalten Rahmen zur Bekräftigung. Ein Kranz von Heideröslein sollte es vermutlich werden. Aber infolge der bösen roten Tinte sah es dann aus, als wäre das ernste Zitat mit Preiselbeeren garniert.

Kam auf Blatt drei das Fräulein Lehrerin. Diese durfte natürlich an geistreichen Formulierungen keineswegs nachstehen. Allerdings war da an passenden Sprüchen oft große Not, weil doch alle zweiunddreißig Schülerinnen später einmal »in sorgender Liebe« an ihre Einmaleinsdompteuse erinnert werden wollten. Eine beliebte Widmung war jedenfalls folgende:

»Wer sich an andre hält / Dem wankt die Welt / Wer auf sich selber ruht / Steht gut.«

Nun folgten die guten Anverwandten, die Tante Sidonie, die Firmpatin Amalie Leberfinger, die Basen, Vettern und Onkel. Viele von ihnen versuchten sich in selbstgestrickten Reimen, die nicht immer ganz glücklich endeten und oft auch energische Radierspuren zeigten. Doch wogen das die herrlich kitschigen Lackglanzbildchen wieder auf. Engelsköpflein an allen vier Ecken der Seite. Die possierlich zum Gedicht hinbliesen, als wäre es etwas zu heiß geraten. Kostbare Spitzenbildchen, an die geheimen Staatssiegel von Märchenkönigen erinnernd, und manchmal ein eigenhändig verbrochener Scherenschnitt im Profil mit viel zu langer Nase.

Stark strapaziert wurden für die notwendigen Gedankensplitter und Reime vor allem die Dichter Schiller und Goethe. Doch auch Abreißkalender mußten vielfach herhalten. Der Widmungsbestseller war zweifellos der Vers:

»Rosen, Tulpen, Nelken / alle Blumen welken / nur die eine welket nicht / diese heißt Vergißmeinnicht.« Sowie »Schiffe ruhig weiter / Wenn der Mast auch bricht / Gott ist dein Begleiter / Er verläßt Dich nicht.«

Um die Wirkung dieser Lebensweisheiten noch zu erhöhen, konnte man sie zusätzlich mit Goldstaub panieren. Wie die Sonntagsschnitzel für Königskinder.

Schließlich nahmen die Schul- und Busenfreundinnen noch einen größeren Platz im Poesiealbum ein. An Gedichten zwischen den Gespielinnen der Kindheit rangierte an erster Stelle eine längere Abhandlung über Lebenslust und Leid, die schließlich an einem Grabhügel endete mit dem sanften Trost der Zurückgebliebenen: »Dann schreib ich leise in den Sand / Diese hab' ich auch gekannt.« Und auch die schmerzlich bittere Gebrauchsanweisung: »Sei vor andern froh und heiter / Doch im stillen weine weiter.«

Manchmal fehlte im Album allerdings auch ein Blatt, das die Besitzerin herausgerissen hatte. Vielleicht weil die »in ewiger Freundschaft« eingeschriebene Banknachbarin der Freundin prompt die erste Liebe ausspannte. Oder auch, weil ein frecher Vetter auf das reservierte Blatt einfach hingekritzelt hatte:

»Die Liebe ist ein holder Wahn / Der Walfisch liefert Lebertran.«

Leider passen diese Albumverserl heute gar nicht mehr in unsere Zeit. Drum könnte man so einem jungen Bittsteller vielleicht im Zeichen unserer Hetze und Unrast lediglich die Standardparole mit auf den Weg geben:

»Schaff' und erwirb / Zahl' Steuern und stirb.«

Erstklassige Regenwürmer

In München gab es unter den kleinen Leuten auch schon immer bedeutende »Großwildjäger«. Wie beispielsweise die städtisch geförderten »Ratzenklauber«, welche die bösen Nager mit ihren »Rattlern«, den nachmaligen Russeln, gleich zu Hunderten fingen und erlegten. Auch die Kammerjäger, Spezialisten für die blutgierigen »Tapetenflundern«, wie die gewöhnlichen Hauswanzen von mancher überspannten »Gnädigen« tituliert wurden, genossen großes Ansehen. Taubenfänger wurden zu Zeiten, wenn die »La Palomas« wieder einmal stark im Kommen waren, eigens vom Magistrat einberufen. Sie mußten aber ihre meist recht zähe Beute, die sie mit riesigen Klappnetzen fingen, gewissenhaft an die städtischen Armenhäuser abliefern, wo sie zu schmackhaftem Ragout zerwirkt und unter starken Schluckbeschwerden von den Insassen verzehrt wurden.

Drüben in der Au in der Quellstraße 18³/₄ wohnte außerdem ein Waidmann ganz besonderer Art. Gröninger Wastl hieß er. Sein Hauptberuf war eigentlich das Tarocken und Schafkopfspielen. Wobei er übrigens einmal einen riesigen Kübel blaue Emailfarbe von einem Malergesellen an Zahlungs Statt annahm. Mit diesem unzerstörbaren Lack strich er dann gleichermaßen seinen Fensterstock, den kleinen Ofen, den Stiefelzieher, seinen Unterarm und sogar seine kurze Lederhose an. Gab's aber beim »Watten« und den anderen Spitzbubenspielen außer Erfahrung nichts zu gewinnen, so ging der Sebastian flugs in den Wald und sammelte ein paar tausend Ameiseneier, die er an die kleinen zahlreichen Froschladerln, den Vorgängern der zoologischen Handlungen, verkaufte. Auch Wasserflöhe waren für die Aquarienfreunde sehr begehrt. Und gar mancher stattliche »Protz«, wie im Volksmund die Kröten genannt wurden, fand gegen ein saftiges Trinkgeld bei jenen Damen, die mit Warzen behaftet waren, eine neue Heimat als nützliches Haustier, das sich dann auf die befallenen Stellen setzen mußte.

In einem Haus beim Viktualienmarkt aber hing im dritten Stock wohl das originellste Firmenschild der ganzen Stadt. »Ernst Micheli, Wurmgeschäft« stand an der Tür mit drei verschiedenfarbigen Briefkästen. Über dieser Geschäftsankündigung war mit einem Reißnagel außerdem noch ein goldener Kranz mit einem Jubiläumsfünfziger befestigt, der besagen sollte, daß der einzige Wurmhändler der bayerischen Hauptstadt bereits fünfzig Jahre »am Platze« war.

Denn an Tagen, wenn Sankt Petrus seinem mißratenen Bodenpersonal riesige, nasse Wolkenfetzen wie Putzlumpen um die Ohren haut, damit es vielleicht doch noch zur Besinnung kommt, und wenn hunderttausend Engel graue Tränen über die unglückselige Menschheit weinen, da lassen dann viele Kreaturen den Kopf, die Ohren und die Unterlippen hängen. Nur eine Gattung der sogenannten niedrigen Geschöpfe jubiliert, wenn auch lautlos vor sich hin. Die Regenwürmer nämlich. Und sie schwänzeln und ringeln sich, kommen zu Tausenden aus ihren Löchern, brechen immer wieder in begeisterte Bravorufe aus und stellen fest: »Was für ein herrliches Ausflugswetter!« Ganze Safaris ziehen dann über die Kieswege der Anlagen, über schmale, dunkle Wiesenpfade und manchmal leider auch in ihrem Übermut übers Großstadtpflaster und die Asphaltstraßen, wo sie still und ergeben irgendwo ihre winzigen Wurmseelchen aushauchen. Nun gibt es bei solchen Massenwanderungen und Ausflügen aber auch immer andere Wesen, die nur auf so was warten, um ihren Vorteil wahrzunehmen. So wie beispielsweise auch bei den großen Lachswanderungen schon die Braunbären und die Feinkostlieferanten am Ufer der betreffenden Flüsse stehen und sich kräftig bedienen, so lauert auch auf den Regenwurm nicht nur Amsel, Drossel, Fink und Star im nahen Gebüsch, sondern die Herren der Schöpfung, und davon war einer der Micheli, mit kleinen Kübeln, Aluminiumschachteln oder Plastikkübeln, um die unbesonnenen »Ringelmänner« dem alsbaldigen Endzweck zuzuführen. Und auch solchen erfahrenen Wasennattern, die vielleicht nur die spitzen Rüssel ein wenig aus ihrem dunklen Appartement herausstrecken und dann von Schnäbeln oder Daumen und Zeigefinger ergriffen werden, nützt es nur wenig, daß sie in ihrem unverständlichen Dialekt flehen: »Ach bitte schön, lassen Sie mich doch noch ein einziges Mal aus, ich möchte ja bloß meiner Frau sagen, sie braucht heute mit dem Essen nicht auf mich zu warten.« Denn diese faulen Ausreden sind natürlich den Verbrauchern längst bekannt, und da lächeln die bloß drüber.

Der Micheli kam damals durch den Fischer Durek auf die »Idää mit de Würma«. »Um den greana Markt san no d' Heischtodl gschtand'n, weil de ganzen Botenfuhrwerk zum Bögner, Schlicker und Soller kumma san«, erzählte der seltsame Firmeninhaber oft seinen Bekannten. »Da san allahand Leit zsammkumma, und do hod mia da Durek dann g'sagt, daß mia d' Fischer gern an Pfennig für

jed'n lebendigen Wurm geb'n dan.« Und so hatte sich der
Micheli Ernstl dann gedacht, das wäre doch ein schöner
Nebenverdienst. Und er fuhr also einmal mit seiner Braut
auf dem Tandem in den Flaucher und probierte das
Wurmfangen. Ein paar Jahre aber dauerte es, bis er end-
lich die Pirsch auf die Graswasenvipern ganz beherrschte.
Als er schließlich seinen Handel anmeldete, lachten die
Beamten vom Gewerbeamt, und die von der Steuer sag-
ten: »Geh, laßtn doch schteh.« Und deshalb kam auch nie
ein Steuerbescheid.

Ein Wurm kann sehen, hören und denken, behauptete
der Ernstl. Und wer beim Wurmsuchen zu laut auftritt,
sieht nur mehr die Schwanzl des Wildes in den Löchern
verschwinden. »De meist'n Regenwürma fangt ma in de
Anlagn, da wo a Trambahn vorbeifahrt, weil da durch de
Erschütterung d' Erdn locker is, und durch den dauernden
Lärm is da Wurm aa net so scheu wia an de ruhign Plat-
zerln.« Die günstigste Pirschzeit ist nach den Erfahrungen
vom Ernstl nach Sonnenuntergang, wenn der Tau kommt.
»Da geh i mit meiner Taschenlatern los«, berichtete der
eigenwillige Wildbretschütze, »nacha schleich i mi o, nacha
nimm i an Wurm beim Kopf und federndn raus, damit
a ma net abricht, und nacha zähl i 'n in mei Schpezialsam-
melbüchsn nei.«

Im Frühling hatte er einmal 1800 Stück in zwei Stunden in der Anlage am Gärtnerplatz gefangen. In dieser
Jahreszeit nämlich ist die »Strecke« besonders groß, weil
da die Wurmmännchen zum Liebeswerben herauskommen
und nur aufgeklaubt zu werden brauchen. Damals stand
der Kurs auf vier Pfennig pro Stück. Der Micheli stellte
sich gleich einen Gehilfen ein und meldete ihn bei der
Ortskrankenkasse an. Aber nach zwei Tagen war dem
Wurmfängergehilfen das Bücken zuviel geworden, und er
kündigte. Einmal hielt ein Hausinwohner beim Max-II.-

Denkmal den Ernstl für einen flüchtigen Dieb, weil er in den Büschen herumschlich. Er alarmierte die Lechlpolizei, die mit sechs Mann die Anlage umstellte, bis ein Wachtmeister rief: »Jessas, des is ja mei Wurmtandler«, denn er war Angler und selbst Kundschaft beim Micheli. Eine ganze Anzahl prominenter Leute gehörte zu seinen Stammkunden. Ein Kommerzienrat mit einem Daimler-Auto war auch darunter. Der kam einmal mit seiner Braut zum Einkaufen. Als er die angebotenen Exemplare fachmännisch durch die Finger gleiten ließ, warf ihm seine Braut voll Grausen den Verlobungsring hin. Sogar bis nach Paris gingen die Münchner Regenwürmer per Postversand. Sie waren zollfrei.

Der größte Regenwurmfreier aber war ein bekannter Münchner Geschäftsmann und Isarfischer. Auch in der geldknappen Zeit kaufte dieser nasse Nimrod beim Micheli jährlich für mindestens fünfzig Mark ein. Mit diesen Ködern fing er dann ein einziges Mal in sechs Jahren einen Weißfisch im Wert von vierzig Pfennig. Micheli pries ihn deshalb als wirklichen, wahrhaftigen Amateursportler. Nach Meinung dieses ehrenwerten, leider längst verschiedenen Amateurzoologen hat übrigens ein Regenwurm keinen Empfindlichkeitsnerv und spürt also auch das Befestigen an einem Angelhaken oder das Verspeisen durch Vögel so gut wie gar nicht. Diese Theorie widerlegen allerdings die Freunde und Anhänger des Tierschutzvereins mit einer ziemlich logischen Gegendarstellung.

Und sie fragen, ob denn ein Angler vielleicht meint, daß die Regenwürmer nur deshalb so zappelten und sich winden würden, wenn ihnen die krumme Widerhakenseele eingehaucht wird, weil sie so kitzlig wären. Und sich deshalb bei der Prozedur des Aufspießens vor lauter Lachen krümmen müßten.

Stationen im Nebel

Fast läuft sich die Phantasie eines alten Menschen Wasser-
blasen, wenn er den langen Weg seines kurzen Daseins im
Geiste noch mal zurückgeht. Und manchmal tauchen die
kleinen Stationen im Nebel der Erinnerung trotz aller
Anstrengung nur mehr ganz schemenhaft auf.

Nun gibt es natürlich auch solche Leute, die ihr Leben
abspulen wie eine Drachenschnur, und die es so eilig
haben, daß sie auf der Rolltreppe zur Endstation auch
noch mithasten, weil es ihnen gar nicht schnell genug
gehen kann. Am liebsten würden diese Zeitgenossen wohl
auch noch ein kleines Bleistifthakerl hinter ihre eigene
Todesanzeige machen und dazu schreiben: »Geschafft!«

Von solchen Figuren sagen die stillen Träumer wohl
nicht ganz zu Unrecht: »Es ist nur schade, daß sie die
sowieso so überlastete Kanalisation so lange beansprucht
haben.« Denn sie wissen es doch schon seit den seligen
Holzklapperltagen, daß sich ein erlebtes Dasein aus vielen
winzigen oder großen Steinchen zusammensetzt, die dann
das bunte Mosaik des Lebens ergeben. Und dazu gehören
nicht nur ein paar Freunde, ein paar G'schpusi und ein
paar Räusch, die man gehabt hat, sondern auch bekannte
Leute, beschauliche Unwichtigkeiten, irgendein Baum, der

abgesägt wurde, ein abgerissener Stiefelabsatz vom Schlittschuhfahren, eine böse Hausmeisterin, ein gefundenes Zehnerl, ein schummriges Gartenhäuserl oder die saftige Watschn vom Lokführer der Lokalbahn, die man gerade noch abducken konnte.

Für den eingefleischten Münchner zählte dazu zum Beispiel auch die betagte Kracherlbude: Das Guadl-Standl. Meistens lehnte es an einem Bahndamm wie ein vergessener Reisekoffer. Und auf dem grünen Giebel thronte die völlig größenwahnsinnige Schrift »Trinkhalle«. Während rechts unten am Schubfenster etwa »Theodolinde Abendrot« mit weißer Ölfarbenbatzlschrift hingezittert war. Vor unendlich langer Zeit hatte die Theodolinde von irgendeinem vergilbten Bahninspektor nach drei Eingaben »auf stetigen Widerruf« dieses Platzerl erhalten. Das winzige Schilderhaus am Schienenstrang war höchstens so groß, daß gerade noch die Hoffnung auf einen mäßigen Geschäftsgang neben der Witwe Abendrot Platz hatte.

Hinter dem Standl blühte diensteifrig ein Hollerstrauch und bereitete sich langsam auf die drei Einmachgläser der ehrsamen Bärendreckmatrone vor. Auf einem zweifüßigen Bankerl, rechts an der Sonnenwand, hatte die Standlfrau immer ihr ff-Milcheis angerührt. Mit zehn Eiern drin und den langen Vanillestangerln, die in Glasröhrchen aus Indien kamen. Folgende Raritäten warteten in polierten Kugelgläsern auf die gierigen Gaumen der Vorstadtschratzerln: Zwiefeguadl, drei Stück zu einem Pfennig. Überraschungen, kleine Tütchen mit ein paar leicht beschädigten Waffeln drin und einem Ringlein mit einem dunkelblauen Stein. Oder ein Blechfrosch, an den man unten ein Teerbatzl hinpappte, und dann sprang der Grünrock nach ein paar Minuten in die Höhe. Ferner gab's die herzblutroten Himbeerguadl, Gummimandl, Minzenkugeln, Liebesperlen und die strapazierfähigen Milchkaramellen. Auch Mil-

liardenrollen wurden gerne gekauft. Runde Kekse waren
da drin. Aber natürlich nicht eine ganze Milliarde. Genau
zweiundzwanzig Platzerl waren es halt.

Im Winter erwärmte die Theodolinde Abendrot ihre
Kundschaft mit einem heißen Punsch. Garantiert hausge-
macht. Na ja, ein bißchen Essenz war schon auch dabei. Er
wurde in dicken stumpfen Kelchgläsern serviert, wo man
sich nie den Mund verbrennen konnte. Auch froschgrünes
und märchenrotes Kracherl gab's am Bahndamm. Mit
Glasschusserkugeln im Flaschenhals. Und dann natürlich
Schaumrollen, Kokosschoko, Kandiszucker und Waffel-
bruch. Ferner Zigarren und Zigaretten aus Schokolade.
Die hatte schon der Fahrradhändler Kapitzky vorne am
Eck vor dreißig Jahren jeden Sonntag bei ihr gekauft.
Später rauchte er dann vierzig Filter am Tag.

Das Guadl-Standl war immer ein »Treff« von jungen
Bürscherln, die noch nicht in die Wirtschaft gehen konnten
und sich auch sonst immer selber im Weg standen. Sie
waren alle per du mit der Abendrotin und sagten zu der
guten Haut, indem sie ihre Köpfe durch die Schubscheibe
steckten: »Geh, Abendrotin, oide Squaw, schreib no a
poor Schtangerl auf, bis wieda Maria Empfängnis ist am
Freitag.«

Und wenn am Abend der Nord-Süd-Expreß nach Rom
vorbeidonnerte, daß die Lakritzenstangerl in den Gläsern
leise erzitterten, halfen ihr die Bürscherl am Standl mit
den schweren Eisenschienen die Läden diebessicher zu ver-
schließen. Und beim Heimgehen wackelte sie wohl auch
ein wenig mit dem Kopf und sinnierte vielleicht, wie doch
so ein Eisenbahnzug immer pünktlich und genau nach dem
Fahrplan lief. Dann murmelte sie womöglich auch noch
vor sich hin: »Sein eigana Fahrplan soid ma hoid aa ken-
na. Aber wanns do amoi zum Abfahrn pfeifa, des woaß
hoid neamand.«

Die etwas gehobenere Tante vom Guadl-Standl war in den schmalen Vorstadtstraßen das Kramerladl. In der Auslage des »Kolonialwarenladens« lagen Holzglupperl, Haferflockenpackerl, Fliegenfänger, Suppenwürfel, fünf Flaschen »Adriaglut« und sehr süßer »Zwölfapostelwein.«

Drinnen roch es nach Rollmöpsen, Bündelholz und Sauerkraut. Dieses befand sich in einem hohen Faßl mit einem hölzernen Deckel, den ein riesiger Pflasterstein beschwerte. Im Hintergrund dämmerte eine Petroleum-Pipeline mit Handbetrieb. Auch Besenstiele, Putzlumpen, Sodabrocken fürs Abspülwasser und ein paar Ringe schwarze Radlfahrerwurst, die ihren Namen wohl von der verblüffenden Geschmacksverwandtschaft mit Hochradreifen hatte, führte die Kramerin.

Das lebende Wahrzeichen so eines Gemischtwarensilos war aber immer ein kleines Katzerl mit rotumränderten Augen, das mitten in der Auslage schlief, dann langsam dicker ward und im Spätherbst durch ein neues Miezerl aus eigener Werkstatt ersetzt wurde.

Damals, in den Zeiten als viele Mütter einen Nikolaus auf ihre Brotkästen malten, damit die Kinder nicht an die Wecken gehen sollten, verkehrten auch viele Verbraucher und Lieferanten bargeldlos miteinander. In dieser Ära der stumpfen Not gab es ein kleines Heftchen, das überall nur »das blaue Bücherl« genannt wurde. Es war ein kleines kariertes Dokument der unverschuldeten Schande, das mit halbfetten Fingerabdrücken der Milchfrau und den Eselsohren der Kramerin reich verziert war. Drinnen waren die Schulden der Betreffenden selber, aus denen wiederum ihr Speiseplan hervorging, gewissenhaft aufgeschrieben. »Ein Viertelpfund Vierfruchtmarmelade«, »Zwei Liter Magermilch«, »Eine Erbswurst«, »Drei Packerl Sagosuppe« standen links am Rand, und rechts in der Zeile waren die Pfennigbeträge mit den alten königlichen Schriftzeichen für diese Opferstocktaler vermerkt.

Am Freitag wurde dann meistens die ganze Schuld getilgt, aber sofort ein neuer, vielfach sogar etwas größerer Kredit in Anspruch genommen. Weil sich die sorgenzerquälten Mütter aber halt arg genierten, mußten fast immer die Bambinos, die auch einen entsprechenden Wunschzettel mitbekommen hatten, zum Einkaufen gehen. Standen auf diesem Bestellwisch aber vielleicht einmal ein paar völlig überspannte Aufträge, wie etwa: »Ein Achtel Bohnenkaffee« oder »Eine Tafel Milchschokolade«, so wurde das von der resoluten Gemischtwarenhändlerin in verständlicher Notwehr einfach mit den Worten gestrichen: »Ham ma net. Kriag'n ma aa nia wieda rei.«

In einer Mischung aus Zynismus und Galgenhumor aber sagten manche Eltern auch zu ihren Sprößlingen, wenn sie sie auf ihren Canossagang schickten: »Bua, sogst zua Kramerin hoid wieda amoi, sie soids aufschreib'n, dann hods im Winter wenigstens wos zum Les'n.«

Auch die kleinen Efeugarterl, die vor den schäbigen Gast- und Tafernwirtschaften aufgebaut waren, gehörten jahrzehntelang zum Stadtbild. Die Gäste in diesen Brotzeithaltestellen waren meistens von der einfachsten Sorte. Ein gehetzter Handlungsreisender, ein schwer schnaufender Pensionist oder ein durstiger Zeitschriftenvertreter, der irgendwo einen winzigen Abschluß gemacht hatte. Sie bestellten eine Halbe bei der rasch herbeischaukelnden Wirtin. Und vielleicht einen Kas. Und die Frau Gasthof verkündete mit einem nicht ganz sauberen Lächeln: »Grad hamma frisch ozapft!« Der Gast aber hörte gleich darauf das Schnalzen eines Flaschlverschlusses und dann das Seufzen einer mürben Eisschranktür und den leisen Dischkurs: »Da muaß doch no a Kas dagwen sei, hat den vielleicht der Michl scho wieda gess'n?«

Manchmal verlief sich auch ein wildfremder gutangezogener Herr in die grüne Oase. Dann wurde das Wirtsehepaar meistens ein bisserl unruhig, und er sagte: »Der werd doch net von da Schteier sei oder vom Eichamt?« Am Sonntagvormittag rasteten schließlich auch ein paar Kirchgänger aus der Nachbarschaft auf den grünen Klappstühlen aus. Sie setzten sich bescheiden auf die äußerste Kante, als wollten sie wegen der geringen Zeche die Stühle nicht über Gebühr abnützen. Und gegen Mittag kamen auch die Buben und Mädel der nahen Mietshäuser mit ihren Klappdeckelkrügen zum Bierholen. Sie gingen gerne durch

das Efeugarterl mitten hindurch und gossen mit dem Wasser, das sich noch vom Ausspülen her in ihren Henkeltöp-
fen befand, die durstigen Efeustöcke. Heute hat das
immergrüne Wirtsgartl längst ausgedient, und es ist auch
völlig unwirtschaftlich geworden. Denn jeder halbwegs
normale Mensch kann sich doch an den Knöpfen abzäh-
len, daß die sechs wackeligen Wirtshaustischerl vor einer
Gaststätte auch nicht halb soviel einbringen, wie wenn auf
demselben Platz sechs Parkuhren stehen.

Selbst dem lieben, guten Münchner Dienstmann hat
längst die Stunde geschlagen. Der letzte saß immer noch
vor einem großen Geschäft in der Münchner Prachtstraße
und sah die Zeit an sich vorüberziehen. Er hatte sie schon

vorübermarschieren sehen, als sie noch Knobelbecher anhatte und ihr eigenes Gepäck auf dem Rücken trug. In diesen grauen Tagen konnte der Alois oder Bartl, wie er vielleicht hieß, nichts verdienen. Und auch wenn die Menschen Pappschachteln in den Händen hatten und auf der Suche nach einer Bleibe waren, konnte er kaum auf ein paar Zehnerl hoffen. Deshalb war sein Auge auch hauptsächlich auf Koffer gerichtet, auf Reisesäcke, manchmal aber auch auf Blumen oder zarte Brieflein, die verschämte junge Leute bei sich trugen. Fand sich dann in seinem Hosensack gegen Abend eine Handvoll Grünspantaler, so ging der Alisi mit Gewißheit in die nahe »Schwemme«, zusammen mit ein paar Möbeltransporteuren, dem Schutzmann mit dem Säbel, der seinen Helm an dieser Stätte abnahm, um zu dokumentieren, daß er außer Dienst sei. Und an dem »Schamerl« vor dem vornehmen Geschäft, das einen kleinen Schlitz hatte, hing nachher das handgeschriebene Schild: »Hier bitte Wünsche einwerfen.«

Das Rucksackvolk der Pensionisten, der Heimgartler, der Ruheständler und der Ausgedienten traf sich an jenen Tagen nicht nur auf Versteigerungen und in den hinteren Bänken des Amtsgerichts, sondern auch droben beim Schweizerwirt in der Tegernseer Landstraße beim Hundemarkt. An Pfosten und Mauerringen waren sämtliche Kreuzungen, Abarten, Verirrungen und Zuchtergebnisse der kleinen Bellmaschinen befestigt. Da blinzelte mit rührenden Weine-nicht-Augen ein erbswurstgelber Riesenschnauzer in die Sonne, dessen Frau Mutter wohl einmal auf dem Großen St. Bernhard zu Besuch gewesen war. Neben ihm ringelte sich unverdrossen der geschwungene Zuckerhörndlschweif eines original »Schtiang-Glander«-Rüden. Einem Chow-Chow hing treuherzig die lila Zunge heraus wie das Tintenlapperl aus einem Schulranzen. Und an der Wand hing eine leinerne grasgrüne Rückentüte, in der ein frischer Wurf unbekannter Wadlbeißer winselte.

Und überall lief die Handelschaft auf vollen Touren. Und die Phantasie der Händler kannte keine Grenzen. Sie offerierten mit kühler Stirne ein wanderndes Kehrichtbeserl als »Traunsteiner Hirtenhund« oder einen henkelschweifigen Bastard als »Holsteiner Marderfänger«.

Nach dem zweiten Krieg kamen auch viele Amerikaner in den Hundehof, und die Makler priesen die kleinen Welpen mit folgendem Singsang an: »Prima Guard für Auto car. Nix Wurm, nix Wisi wisi in rooming. Hundertfeifzig Mark mit Stammpaper.« Und wenn so ein Arizona-Boy dann vielleicht für eine Stange Zigaretten den abenteuerlichen Seelenwärmer erworben hatte, und der Händler noch einmal beschwörend hinter dem freudig in die Kaserne eilenden GI herrief: »Nix wisi«, tropfte es unter dem Mantel des Sonny-Boy bereits ruhig und gleichmäßig auf den Heimweg.

Ganz in der Nähe vom Schweizerwirt am Auer Mühlbach oder am Feuerbachl war auch der Lucki daheim, jene Witzfigur, die zusammen mit seinem Spezl Kare wohl ein Jahrhundert lang in den Straßen der Au und Untergiesings auf jedem Neubau und bei jeder Lumperei dabei waren.

Mit drei Jahren unterschied der Lucki bereits die drei »Kritischen« beim Watten, die vier G'spusi seiner großen Schwester und sämtliche Kriminaler seines Reviers namentlich. Mit vierzehn Jahren war er ein anerkanntes Früchterl, rasierte sich täglich, trug lange Koteletten und gelbe Shimmy-Schuhe. Später, als der Lucki auf dem Bau arbeitete, bog er sein Mützenschild aufwärts, trug eine »Spreitz'n« hinterm Ohrwaschl und befestigte vorne am Bünderl des kragenlosen Hemdes einen Bierflaschengummi. Die tätowierten Arme hielt er athletenhaft vom Körper weg. Und wenn am Freitag der Akkord ausbezahlt wurde, mietete sich der Lucki zwei Fiaker. In dem hinteren Wagen saß er selbst, auf dem Polster des vorderen aber lag in der Mitte des Sitzes einsam, fein und überspannt sein Kragenknopf.

Fast immer begegnete dieser Konvoi dann auch dem alten Tonnengaul. Er war der Proletarier unter den vierbeinigen Münchner Zille-Erscheinungen. Struppig und abgerissen wie ein heruntergekommener Hausierer mit schief gelaufenen Absätzen, schlurfte er über das Kopfsteinpflaster. Dort, wo ihn seit zwanzig Jahren das Kummet drückte, war sein Fell abgescheuert wie der Kragen eines uralten Wintermantels. Der Tonnengaul zog den hochrädrigen Harritsch-Wagen, der über hundert Jahre lang die Münchner Müllabfuhr besorgte. Trotz seiner Räudigkeit war er aber der Liebling der Gassenkinder. Und auch die größeren Leute und nicht nur die kleinen Spatzen sahen ihn gerne kommen und gehen. Die ersteren, weil er keine Auspuffgase hinterließ, dafür aber einen hochbegehrten Mist für die Blumenkistl auf dem Balkon, und die anderen, weil er ihnen ja stationsweise ihr warmes tägliches Brot schenkte.

Da in München die Tierliebe aber schon immer größer war als die Liebe zu den »Zuagroast'n« oder den »Andersgläubigen«, wie die Gäste nördlich des Maines auch genannt wurden, bewiesen vor allem die zahlreichen Tierpräparatoren, die es damals noch gab. Sie nisteten mit ihren kleinen Werkstätten irgendwo unter den Giebeln der Häuser und unter einer Menagerie von ausgestopften Lieblingen oder auch einigen seltenen Beutetieren. Auf dem Boden der kleinen Werkstätte gruppierten sich Hunde und Katzen, sprungbereite Gemsen und auch Eichkatzl. An den Wänden hingen vielleicht ein paar stattliche Huchen, die es in den Gewässern der grünen Isar noch reichlich gab, und vor allem auch Kanarienvögel, Stare

oder Dohlen. Immer wieder klopfte dann ein altes Muadderl oder ein tritschelnder Spitaler draußen an der Tür
an. Kleine Päckchen aus Zeitungspapier und alte Margari-
neschachteln hielten diese Kunden in den leberfleckigen
Händen. »Weil mia uns hoid so an eahm g'wöhnt ham,
möcht i gern frag'n, wos des Ausstopfa kost'n dad«, sagten diese Leute mit unsicher belegter Stimme. Und dann
erklärten sie dem Präparator, wie der Hansi oder der Fiffi
»oiwoi g'schaugt hod« und in welcher Stellung sie ihn am
liebsten haben möchten. Rehpinscherl, oder auch mollige
Möpslein mit möglichst naturgetreuen Glasaugen, von
denen Hunderte in den Schubladen des Meisters lagen,
wurden auch gerne auf kleine Wagerl montiert mit vier
Eisenradln. Die man in einsamen Stunden einfach ins
Wohnzimmer vor das Kanapee zog.

Auch Karl Valentin war gern zu Gast bei den schrulligen Mumifizierern. Allerdings hatte er immer ganz seltene Wünsche, die ihm kaum jemand erfüllen konnte. Denn entweder wollte er ein ausgestopftes Käuzerl haben oder aber gleich gar einen der sagenhaften »Woipertinger«, die jedoch bisher noch nie von einem Bayern gefangen werden konnten.

Möblierte Menschen

Neben den Hinterhofhausierern, der Schienenritzenreinigungsdame und den Vogelträgern, die sich alle aus dem hektischen Großstadtgetriebe weggeschlichen haben, ist auch noch ein anderer, einst so weit verbreiteter Stand nahezu ausgestorben. Der möblierte Herr. Schuld daran ist zweifellos das Appartement, die Einzimmerflucht der erwachsenen Schlüsselkinder, mit eigenem Herd, eigener Eingangstür und eigener Polizeistunde. Das Appartement ist auch der vornehme Wohlstandsbruder des einstigen Treppenzimmers geworden. Diese Kemenaten waren früher ein Unterschlupf, dem irgend etwas Verruchtes anhaftete, weil er den scharfen Untersuchungsrichterblicken der Vermieterin, die ihr gestrenges Auge ja schließlich nachts auch etwas schließen mußte, nie in dem Maße ausgesetzt war wie ein Zimmer zum Gang.

In den dreißiger Jahren gab es in München nahezu hunderttausend leere und möblierte Zimmer, sturmfreie Buden, Schlafstellen und andere Bleiben zu vermieten. Und jedes Schreibwarengeschäft führte damals die vorgedruckten weißen Tafeln »Zimmer frei«, die an fast allen Münchner Haustüren baumelten. Und weil ein »möblierter Herr«, wie ein Untermieter gewöhnlich hieß, obwohl ja nicht er, sondern die Unterkunft »möbliert« war, erfahrungsgemäß nicht länger als drei Monate bei ein und derselben Wirtin blieb, hob an jedem Monatsende ein gewaltiges Suchen und Wandern an. In ganzen Rudeln, wie beim »Bäumchen-wechsle-dich«-Spiel, rannte das junge Volk scheinbar sinnlos hin und her, als hätte der Rübezahl selbst mit seinem großen Stock in den Wohnwaben der Stadt gestochert wie in einem Ameisenhaufen.

Wobei die ziehenden Nomaden ihre Habe durchweg selbst transportierten. Und die intimsten Kleidungsstücke, soweit sie nicht mehr in die Eierkörbe und Persilkartons hineingingen, sowie alte Plüschbären, die Puppen ihrer Kindheit, Zimmerlinden, Vogelhäusl, Mandolinen, Weihwasserkessel, Hirschgeweihe, die Bilder der Geliebten oder schwarze Kleiderbüsten nach Einbruch der Dunkelheit und des öfteren absetzend von Haus zu Haus schleppten. Die stolzen, satten Hauptmieter sahen dann diesem Auszug aus Ägypten oder der Einquartierung neuer Wohngäste hinter den Geranienstöcken ihrer Fenster heimlich lächelnd, kommentierend und frotzelnd, aber immer sehr selbstherrlich zu.

Die Gründe, warum ein möblierter Herr fast immer Juckpulver in den Schuhen hatte, waren überall dieselben. Hier war ihnen die Wirtin zu einsam, wollte sie bemuttern, beflicken, bekochen und was sie sonst noch glaubte, daß es einem ledigen Habenichts guttun könnte. Dort wieder hatte der Heimatvertriebene das bitzelnde Gefühl, daß er nicht ganz allein in seinem Flohweiher zu Hause war. Dann gab es die berühmten Deckerl-Madamen, die auf dem Kanapee und den Sesseln kugelsichere Schonbezüge hatten und darüber noch einmal ein gesticktes Schutzdeckerl, das ja nicht verrutscht werden durfte. Ferner jene Hyänen im Wickelschurz, die ihre Einnahmen dadurch noch etwas aufbesserten, indem sie dem Zimmerherrn den Sprung im Waschkrug, den derselbe schon seit dem Untergang von Pompeji hatte, zuschoben und aufrechneten. Auch wenn das Ganglicht durch sein Verschulden zu lange brannte oder der ehrwürdige Fleckerlteppich ein Zigarettenloch aufwies, war das Grund genug zu einer empfindlichen »Maut«. Andere wieder arbeiteten mit dem Trick des verlorenen Kastenschlüssels, der dann mit zwei Mark auf der Monatsabrechnung stand. Freilich, gewitzigte Aftermieter feilten diese Apparate mit der Nagelschere schon beim Einzug leicht an und konnten so mitunter beweisen, daß der neugelieferte Schlüssel in Wirklichkeit der alte war.

Und so kam es denn auch, daß sich der Spür- und Geruchsinn aller möblierten Menschen im Laufe der Jahre so schärfte, daß sie schon beim Betreten eines Hausganges mit an Wahrscheinlichkeit grenzender Sicherheit erkennen konnten, was ihnen wieder einmal bevorstand. Da gab es gewisse Wohnkasernen, die rochen faul und warm wie alte Kühe. Das waren die mit Familienanschluß. Andere dufteten streng nach Justizpalast. Dort standen die Wirtinnen um zehn Uhr abends mit der Stoppuhr als Sittlichkeitsaposteln vor den Türen ihrer vermieteten Muffelhöhlen. Während in Häusern mit Bohnerwachsaroma die Untermieter meistens nur mit pedikürten Zehennägeln ins Bett durften und die Klosettschüsseln im totalen Reinlichkeitsfimmel verchromt waren.

Hatte aber so ein gehetzter Ahasver endlich eine Bleibe gefunden, so schauten von der Wand aus den ovalen Fenstern der Ewigkeit gewiß die Großmutter und der Herr Großpapa mit scharf retuschierten schwarzen Wacholderbeeraugen genau auf die weiß gestrichene Bettstatt des neuen Eindringlings herab. Und dieser blinzelte mit bangem Ahnen seinem alten Vulkanfiberkoffer auf dem Schrank zu und pfiff dem vertrauten Kameraden das alte

Lied vor: »Das Wandern ist des Müllers Lust.« Denn er hatte beim Anblick der fotografierten Ahnen rasch wieder klar erkannt, daß er die stumme Seelenmassage der vier drohenden Pupillen kaum länger als vier Wochen ertragen könnte.

Der Maler und sein Modell

Leise verbröselt die kleine Sandsteinmadonna, die in der runden Nische über der seufzenden Türe des alten Miethauses steht. Ihr königsblaues Kleid jedoch und der güldene Heiligenschein glänzen milde auf die Ein- und Ausgehenden herab. Und als der alte Mann mit dem zeitbleichen Haar zu der stillen Mutter hinaufgrüßt, huscht ein winziges Lächeln über ihre Züge. Es kann aber auch nur eine Handvoll untergehender Sonne gewesen sein, die das Bildnis gerade noch traf. Tatsache ist jedenfalls, daß der freundliche Greis die mürbe Statue jedes Jahr einmal frisch lackiert.

Der Alte ist Maler. Und jetzt klettert er mühsam mit seinem zugschweren Einkaufsnetz die Treppen hinauf in seinen winzigen Ölfarbenhimmel. Zu einem der letzten Jugendstilateliers, die es einst zu Hunderten in dem berühmten Künstlerviertel gab. Ganz oben in den Giebelgeschossen, nahe bei den Sternen, die selten einer von diesen romantischen Sepia-Jünglingen erreichte. Auch der alte Mann nicht, der die Stufen des versagten Erfolges hinaufsteigt und in jeder Etage stehenbleibt und sein ledernes Herz schlagen spürt. Und der zur grüßenden Hausmeiste-

rin, die hinter ihm die Mietshausleiter hochkeucht, trö-
stend sagt: »Ums blaue Band geht's ja nimmer.«

»Wen die Götter lieben, den holen sie näher zu sich«,
denkt sich der unentwegte Leinwand-Lenbach jedesmal,
wenn er schließlich vor der zahngelben Tür auf dem
dämmrigen Vorplatz steht. Manchmal raschelt es da auch
und huscht. Als würde die kleine bettwarme Columbine
aus einem längst verrauschten Atelierfest noch einmal
tuschelnd Abschied nehmen von ihrem Pierrot. »Servus
du, und denk nicht schlecht von mir ...« Schnaufend
schließt der Grauschimmel die Türe auf. Er muß dabei
lächeln, wenn er daran denkt, wie schnell doch bei einem
Mann das große Schweigen in die einst so unruhige Mako-
wäsche kommt. Und daß sie bei ihm schon viele Jahre nur
mehr warm ist.

Hell von oben fällt alles Licht dieser Welt in die Maler-
werkstätte. Wie auf den Pfingstbildern im Katechismus
die Erleuchtung. Eigentlich kein Wunder, denn der alte
Tubenquetscher bezieht es ja auch ohne jeden Zwischen-
handel direkt aus erster Hand. Es hat sich noch niemand
die schmutzigen Finger daran abgewischt. Von den Wänden schauen seine Werke auf ihn hernieder. Gerahmt und
ungerahmt. Unvollendete und unverkäufliche. Ein Mädchen, barfuß bis zum Hals hinauf, blinzelt sehnsüchtig zu
dem erloschenen Kachelofen hinüber. Und eine junge
Unschuld mit saftigen Tomatenwangen stellt ein rühren-
des »Nimm mich mit«-Lächeln zur Debatte. Die Kleine
war die Tochter des Hausherrn. Und das Bild sollte ein
Andenken an die heilige Konfirmation sein. Es wurde
aber nie abgeholt. Weil sich der Hausherr nämlich gläubig
in ein Inflationsgeschäft einließ und postwendend baden
ging. So hat der brave Künstler das porträtierte Fannerl
eben langsam abgewohnt.

Staffeleien stehen herum und alte Gurkengläser, die mit

verstaubten Pinselsträußen gefüllt sind. Im Ofenrohrwinkel hängt eine dreisaitige Gitarre, die noch aus der Wedekind-Zeit stammt und deren chronisch aufgerissenen Sperrholzmund der verkannte Kaulbach häufig mit den leeren Zinntuben fütterte. Der verblichene Paravent sah sicher manches Modell pur. Und dort, wo er die Atelierwand abschließt, hängt sogar noch ein brüchiges Geheimnis mit schwarzseidenen Trägern über der spanischen Wand. Doch zu verbergen hat diese sonst nicht mehr sehr viel. Außer einem alten Küchenhocker, auf dem ein mitgenommener Kocher steht. Gerade jetzt ertönt ein leise lockender Pfiff aus dem erblindeten Wassertopf. Da beginnt der betagte Maler hastig zu malen. Aber kein Bild. Sondern Kaffee natürlich.

In der rechten Ecke stehen viele Werke mit dem Gesicht zur Wand. Vielleicht zur Strafe, weil sie sich der neuen Zeit einfach nicht anpassen wollten. Eine gemütliche Pferdebahn bimmelt da beispielsweise ungesehen durch einen saftigen Frühlingstag. Auf den großen Blumenbeeten des Schloßgartens wiederum drohen strotzend rote Rosen. »Knabe wart, ich steche dich, daß du ewig denkst an mich.« Und der Kies auf den sauberen Plätzen vor dem Residenzbild knirscht lautlos vor sich hin. Gleich wird der verträumte Märchenkönig in seiner Prunkkalesche vorbeifahren. Und das bleiche Jüngferlein im Reifrock, das unter der Kastanie beim Lustschlößlein wartet, wird ihm sicher sehr huldigen.

Die ganze Nordwand jedoch ist von ein und demselben Geschöpf bevölkert. Eine flammende Schönheit mit dem wehend roten Haar einer geglückten Revolution. Es ist die Mariele, das Modell seines Lebens. Dort als Jungfrau am Bach mit dem siegreichen »Prahlst du gleich mit deinen Wangen«-Gesicht und daneben als Kniende, als Ruhende und dann schließlich als Fruchtbare. Und immer mit dem pfennigrunden Muttermal auf der linken Schläfe. Später auch Mariele, die blaue Blume pflückend. Oder als Leda mit dem Schwan. Ach ja, ach ja.

Langsam fällt der Abend durch das große Zimmer ein. Im vergessenen Atelier ist es still geworden. Da gellt die Türglocke zweimal durch das Erinnern. Im Lichtdreieck auf dem Vorplatz draußen steht ein altes Weiblein mit weichen Ringkämpferstiefeln an den müden Füßen. »Grüß dich, Toni«, sagt sie beim Eintreten. Und links auf ihrem freundlichen Lederapfelkopf glänzt ganz deutlich ein tadellos erhaltener Leberfleck.

Die Bedarfshaltestelle

Immer stand es da. Das alte Trambahnhäusl. Winter wie
Sommer, schiefergrau, ein bißchen gegen den Wind ge-
stemmt und manchmal auch frisch gestrichen. »Bedarfs-
haltestelle« hieß die Tafel früher, die an ihm angebracht
war, und später auch »Tarifpunkt« oder »Zahlgrenze«.

Die ersten, die morgens kamen, waren die Heizer vom
Gaswerk, die Leute vom Schlachthof und jene, die in die
Großmarkthalle fuhren, ins Zitronenquetschwerk, wie sie
sagten. Um sieben Uhr dreißig trafen sich dann die anderen Arbeiter am schäbigen Schilderhäuschen der täglichen
Betriebsamkeit, etwas später war dann die Zeit der Schüler und Verkäuferinnen, und die letzten, die hinzustrebten,
waren die sauber geputzten Beamtenstiefel. Dann aber
den ganzen langen Vormittag und nach dem Mittagessen
gähnte das Trambahnhäuserl schläfrig mit immerwährend
geöffnetem Fichtenholzmaul vor sich hin, wobei es ihm
jedoch keineswegs langweilig war. Denn es kamen ja die
vielen Kinder zu Besuch. Das kleine Stationshäuschen war
eine gewisse Wendemarke in der Ringelreihenwelt. »Bis
zum Häusl deafds geh, aba weida ja ned«, hieß es da bei
den besorgten Vorstadteltern. Und wenn die Winde im
Wechsel der Jahreszeiten wehten, grauer dünner Regen

fiel oder auch an stillen sonnenwarmen Tagen, wenn die
alten Mietskasernen müde vor sich hinblinzelten, trafen
sich die Weigl Mädi, die Hafenmeier Evi mit dem kurzen
Fuß und der eisernen Gehmaschine, zwei, drei von den
siebzehn Kindern des Tapezierers Gräßlich und ein paar
quengelnde Buben, die mit einem schmutzigen Gummiball
Elfmeterschießen machten auf die angeschlagenen
»Bekanntmachungen« im Straßenbahnkiosk. Später, als
die Abc-Schützen auch schon richtig lesen konnten, besser-
te der Weidmann Alex mit Blaustift auch den Hinweis
aus: »Das Unterstellen von Fahrzeugen aller Art in dem
Wartehäuschen ist nicht gestattet.« Indem er nämlich das
Wörtchen »nicht« kräftig durchstrich und so das kleine
städtische Schutzasyl zum allgemeinen Mißbrauch freigab,
wie er glaubte. Kurtchen Heiß indes suchte in dieser Zeit
emsig nach Billetten, die noch nicht benutzt waren. Denn
seine Tante, bei der er wohnte, erklärte ihm immer wieder, daß die Leute heute so viel verlieren und achtlos weg-
werfen täten, daß ein findiges Bürscherl fast davon leben
könnte.

Die Mädchen wiederum spielten mit einem großen
roten Gummiball und sagten in rätselhaftem Singsang:
»Ich bin ein Student – und wasch mir die Händ.« Hin
und wieder legten sie auch den Rehpinscher Marco in
einen alten Kinderwagen zum Schlafen oder sie schimpf-
ten ihre sägemehl-gefüllten Fannis aus, die ihnen die min-
derbemittelten Mütter daheim als Puppenmütter genäht
hatten.

Wenn es Spätnachmittag wurde, kamen dann die paar
Rentner und Invaliden von der Anlagebank herüber und
kritisierten fleißig und lange die Fahrgäste, die in den
Städtischen Starkstrom-Pullman ein- und ausstiegen. Im
Sommer freuten sie sich vor allem über die lustigen
Anhängerwagen, die seinerzeit noch ohne Fenster fuhren

und statt dessen weiß-blaue Markisen hatten, so daß nur noch die Blumenstöcke fehlten, und man hätte meinen können, die Trambahn schleppte gemütlich alte Hinterhausbalkone hinter sich her.

Wohl an die vierzig Jahre lang mag das Trambahnhäusl so dagestanden haben. Aber gestern kam ein riesiger roher Packer und schlug diesen kleinen Bahnhof der Gemütlichkeit mit einem einzigen Schwung seiner Riesenfaust einfach k.o. Nur zweimal hatte der Kranführer pendeln müssen, dann krachte die winzige sonnenmürbe Station zusammen und wurde auf die Seite gewischt wie ein Kartenhäuschen.

Zwei suchende Buben fanden gegen Abend zwischen den Ritzen des vermodernden Bodens noch einige Messingmünzen seltsamer Prägung. Der eine davon deutete auf das hakelige Kreuz, das auf dem Geld aufgeprägt war, und sagte: »Dieses Geld gilt nix mehr, hat mein Papa gesagt, das ist giftig.« Dann warfen sie es weg.

Nebenan der Rentner Sixtus Kamm erzählte etwas später der Müllfrau auch noch die Geschichte, wie sie einmal vor vielen Jahren die Resi Sonnenglanz tot im Wartehäuschen gefunden hätten. Vom Schlage getroffen.

Aber dann war das Trambahnhäuschen auch schon bald vergessen, als die neue breite Straße mit dem hohen Schienengleis gebaut wurde. Nur der städtische Straßenbahnführer Achaz Schmalgiebel läutete noch manchmal milde lächelnd, doch ohne Grund, wie die Plattformgäste meinten, als er an der Stelle vorbeifuhr, wo einst das graue Bretterhäuschen gestanden hatte. Aber auch das war natürlich in Wirklichkeit nach der Betriebsvorschrift der städtischen Straßenbahnen verboten.

Der alte Baderwaschl

Es ist wie immer ein bißchen dämmrig und diesig in diesem vergessenen Winkel der Altstadt. So als hätten die Vormittage noch Schlaf und die Nachmittage schon wieder. Das buckelige Kopfsteinpflaster sieht aus, als wäre es aus den übriggebliebenen Rohrnudeln der vergessenen Küchlbäckerei gemacht. Zwei Katzen warten fett und völlig vergeblich auf irgendwelche Mäuse, die nie kommen werden. Und ein graues Kind kratzt mit einem blinden Aluminiumlöffel im Sandsteinkies herum und sagt dazu: »Heute back ich, morgen brat ich, übermorgen hol ich der Königin ihr Kind.«

Im Fensterausschnitt des ersten Stockes erscheint eine schlampige Frau, wirft einen Rest Kartoffelsalat auf das Pflaster hinab, und als sie den einsamen älteren Mann stehen sieht, sagt sie plötzlich schnell und scheinheilig: »Deiwi, Deiwi, Deiwi.«

Trotzdem gibt sie dem stillen Großstadtwanderer Auskunft, als sich der nach dem uralten Friseur erkundigt, der Ratzlmeier oder so ähnlich geheißen hat, und hier irgendwo in der dunklen Ungewißheit des Spitzbogenhausganges lebte und barbierte. »Ach, den Ferdinand meinen Sie wohl. Ja, den haben sie schon vor langer Zeit abgeholt.

Da, wo er heut sein wird, da wachsen den Leuten wahrscheinlich keine Haare mehr. Höchstens noch ein Heiligenschein«, fügt sie hinzu. Dann schließt sie ihr Fenster und zwickt sich. Ihr Gejammer ist durch die regenblinden Scheiben zu hören. Der alte Mann aber geht trotzdem noch einmal in den modrigen Hausgang, wo er vor Jahr und Tag den alten Baderwaschl einmal besucht hat, und langsam fällt ihm dann alles wieder ein.

Vor der Tür des mattblinkenden Biedermeierspiegelschrankes stand immer der ehrwürdige Kurbelstuhl mit Nackenstütze und ledernem Wendekissen, das der biedere Meister in seinem Kundendiensteifer selber mit einem kleinen Kännchen ölte. Um dann aber das Umdrehen fast jedesmal zu vergessen.

Am Fensterkreuz baumelte ein längerer Lederriemen zum Abziehen der blitzenden Stoppelschwerter, die sauber und ausgerichtet nebeneinander lagen. Denn der Ferdinand war einst Feldwebel bei den »Leibern« gewesen. Und in kleinen Wandschränken träumten fünf Stück lüsterne Lavendelseife von der Anatomie irgendwelcher Magazinschönheiten. Solche Bilder waren allerdings in den drei aufliegenden Zeitschriften nicht zu finden. Denn bei diesen handelte es sich um die letzten Exemplare der ehrwürdigen »Gartenlaube«.

Über fünfzig Jahre von den zweiundachtzig, die der alte Stadtfigaro damals zählte, stutzte, schabte und barbierte der Meister in seinem dämmrigen Verschönerungswerk. Einmal hatte er auch den Heinz Rühmann und ein anderes Mal sogar den gutwilligen Bayernkönig Ludwig III. unter dem Messer. Die liebste Kundschaft aber waren ihm der Karpfenhändler Zusann gleich vom Markt nebenan, der Obstler Markhof und der Chauffeur Nickel, den sie ihm leider nach einem wunderschön gelungenen Haarschnitt fast direkt vor dem Haus überfahren hatten.

Beim Haarschneiden klapperte der alte Friseur auch in den Pausen mit der Schere weiter, so wie es früher in dieser angesehenen Zunft überall der Brauch war. Auch wenn sein Tremolo schon ein bißchen »Allegro moderato« klang. Und wenn er besonders gut aufgelegt war, erzählte er seinen Gästen den uralten strapazierfähigen Witz, wie ein Bader immer auf den Pinsel spuckte, wenn er einen alten Münchner einseifte. Und auf die Beschwerde seines Landsmannes erwiderte er dann: »San S' bloß froh, daß a Einheimischer san. Denn den Fremden schpeim ma nämlich direkt ins G'sicht.«

Von seiner Stammkundschaft war dem Ferdinand der Hausverwalter Michael Pscherr einer der ältesten. Den kannte er schon, wie er als Bub immer mit einem kleinen Zettel kam, in den waren dreißig Pfennige eingewickelt

und auf dem Papier stand: »Platt'n schneiden.« Wenn
dann gerade ein paar Erwachsene da waren, schnitt der
Meister in die kleine Lauskugel des Michael mit der
Handmaschine einfach eine breite kahle Einbahnstraße
hinein und ließ den Buben dann warten. Denn davonlau-
fen konnte er ihm mit dieser Tonsur auf keinen Fall mehr.
Und als der Michael groß war, hatten die zwei jedesmal
denselben Dialog, wenn der Samstagnachmittag kam. Da
fragte der Herr Hausverwalter seinen Leibfriseur, wie das
Geschäft ginge. Und der Ferdinand gab immer genau dieselbe Antwort, nämlich: »Nachmittags geht's schlecht –
aber in der Fria-sör«.

Und dann gab's für den Meister nobel und gönnerhaft
ein ganzes Zehnpfennigstück als Trinkgeld, zusammen mit
der Ermahnung: »Heb es dir nur gut auf, Ferdl. Du wirst
noch schauen, wie lange in der Ewigkeit ein Zehnerl
reicht.«

Und das wird also der Ferdinand mittlerweile ganz
genau wissen.

Großmutters gute Stube

In dem alten Museum am Jakobsplatz kehrt immer wieder einmal die gute alte Zeit ein. »Wohnkultur von 1700 bis 1900« hieß beispielsweise eine Ausstellung, die viele schmunzelnde junge Ehepaare, versonnene Pensionisten oder blasse schwarzgekleidete Stummfilmdamen besuchten. »Genau wia im Kabarett«, lauteten die Kommentare und »Hhm, wia bei da Grossmuadda selig«, oder aber auch nur »Jaha, jaha.«

Zwischen gilben Möbeln nistete noch die Wärme einer naiven Wohlstandsära. Weißes Linnen und gelbe Dukaten ruhten in den dunklen Truhen, und von den Wanduhren tröpfelten die Brunnenhahnsekunden herunter, weil die Jahrhunderte doch schon etwas undicht geworden sind.

Zuerst tat sich eine Stube in bäuerlichem Blau auf. In der Mitte stand das Bett, wuchtig und geschnitzt wie ein Traumschiff. Auf der Zudeck waren die Geburtsdaten der Kinder rot eingestickt. Damals fand Werden und Vergehen noch daheim statt, und der Storch und der Gangerl kamen beide zu Fuß ans eigene Bett. Auf dem hölzernen Privathimmel war eine stattliche Maria aufgemalt, die einer satten Feuerwehrschlauchschlange den Kopf zertrat. Ein Betschemel und ein Spinnrad standen im dämmrigen

Eck. »Wenn in Großmutters Stübchen ganz leise ...«, summte ein älteres Mädchen. Die bemalten Bleiglasfenster ließen den Tag nur zögernd herein. Irgend jemand zitierte den Schwedenvers: »... ham d' Pfensta eingschlong, hams Blei davotrong, ham Kugln draus goss'n, ham Bauern daschoss'n.«

Dann das vornehme Wohnzimmer 1750. Mit dem Prunkstück, einem hölzernen Patriziertresor. Wäre da was runtergerollt, wär's für die Ewigkeit liegengeblieben. Denn nur ein Erdbeben hätte so einen Schrank heben können oder vielleicht noch der Herzog Christoph. Sicher wurde darin ein Geheimabkommen über den Westfälischen Frieden aufbewahrt. Und da standen auch noch zwei mindere Verwandte des großen Kastens. Wahrscheinlich mußten sie ihn mit »Euer Liebden« anreden, wenn sie zusammen um Mitternacht knarzten. Auf den Simsen die riesigen Kupferkannen waren wohl für Rübezahls Brotzeitbier bestimmt. Und im Erker der »schwarze Gesell«, ein gußeiserner Kachelofen, mit einem Bratäpfelgrill und einer Rheumatismusschneise in Rückenhöhe.

Folgte der bürgerliche Wohnraum. Mit dem ersten Kanapee. Zum Sitzen zu schmal, zum Liegen zu kurz und zum Einheizen zu schade. Heller waren die Möbel geworden und auch die Gesichter der Ahnen und Muhmen, die aus güldenen Fenstern schauten. Um diese Zeit schienen die Maler das Lächeln erfunden zu haben. Der Kachelofen versteckte hier schon sein feuriges Innenleben verschämt hinter einem gestickten Schirm, wie die Schönen an den Wänden das ihre hinter den Fächern. Zwei Seidenbrokatsessel breiteten zaghaft die Lehnen auseinander. Seid uns willkommen ihr lieben Besucher. Aber nur bis 115 Pfund und nicht darüber.

»Und das haben die Mädchen so gerne, die im Stübchen und die im Salon«, spielte ganz von selbst das zierliche

Spinett im Renommierzimmer von 1820. Ein kränklich zarter Seidenschemel wuchs davor aus dem Boden mit einem spargeldünnen Stiel. Kam der jetzt unter den Reifrock oder der Reifrock darauf? Na ja, es wurden ja auch nur ganz leichte Sachen klaviert. Menuette und Gavotten. Keine Märsche. Trotz der riesigen Spiegeleierorden und Ehrenkometen, die auf blauem Samt in den Glaskästen ruhten. Über einer weißen Marmorplastik eines Ersatz-Raffael weinten glitzernde Lüster hochkarätige Bleikristalltränen. Und dort hinten am Intarsientisch tagte wohl einst der Familienrat. Dort wurde sicher auch die Fahrkarte nach Amerika für den mißratenen Enkel herausgeschrieben. Nur einen im heiligen Zorn verabreichten Schlag mit der Vaterfaust vertrug der dünnwadelige Vierbeiner wohl kaum. Sonst mußte am nächsten Tag im Stehen gegessen werden.

Und schließlich die wirklich gute Stube der Jahrhundertwende. Die gepolsterte Purpurzeit, in der alle Motten rot sahen. Mit Plüsch, Pleurösen, der Schäkerecke und dem Verlobungssofa, vor welchem die glückstrahlenden Freier kniend von der verzeihenden Schwiegermutter aufgestöbert wurden. Schiller, Goethe und Gneisenau schauten herab auf den Tisch, auf dem die Petroleumlampe, der milde Abendmond der Satten und Zufriedenen schien. Dort in der Vitrine lag auch noch der Myrthenkranz, der einmal unverrückbar auf die Schneckenfrisur der Melusine Muckl paßte. Melancholisch mit einem »Sic-transit-Gloria«-Lächeln schauten die Herrscher und Könige von der Blumentapete. Und hinten in der Ecke döste der hohe Mahagoni-Regulator, der noch »Anno Domino« erbaut wurde. Gleich würde unten das mattschimmernde Türl aufgehen und das siebente Geißlein aus dem Uhrenkasten schlüpfen. »Mehehehe.«

Da pfiff es vom nahen Industriebau Mittag. Und der

große Perpendikel schupfte den verträumten Chronometer, auf dem es erst fünf Minuten vor zwölf war, an, als wollte er sagen: »Kumm, tritschelt net gor so, jetzt foit scho wieda wos an deine Schtund.« Aber der Alte murmelte nur leise aus dem Gehäuse: »Wia lang do bei uns herin a Schtund is, beschtimm oiwei no i und da Peta Henlein.«

Ach ja, es war halt eine andere Zeit!

Schatten an der Wand

Immer wieder bleibt der betagte Bierdimpfl nachdenklich oder schmunzelnd vor einem der zweihundert Bilder stehen, die im Münchner Stadtmuseum in der Ausstellung »Menschen von gestern und heute« zu sehen sind. Die meisten der Abgebildeten blicken allerdings heute schon längst aus dem Jenseits auf die Besucher herab. Und die meisten der Besucher, die zu ihnen hinaufschauen, sind auch nicht mehr die Jüngsten. Der erste, dem die Museumsgäste auf der kleinen Reise ins Vorgestern begegnen, ist der »frühe« Hans Albers. Mister Blauauge.

Der Dreiquartelprivatier hatte ihn gleich nach dem großen 'feldgrauen Bankrott einmal selbst kennengelernt, draußen in Garatshausen am Starnberger See. Damals hatte man dem unsterblichen Liliom von der Fahrbereitschaft gerade ein Auto zugeteilt. Und das war ausgerechnet des dicken Hermanns Gefechtswagen gewesen. Ein Kübelsitzer mit 24 Schaltmöglichkeiten. Davon allein sechs Rückwärtsgänge, die der großdeutsche Marschall ja zum Schluß seiner braunen Odyssee gut gebrauchen konnte. Hinter dem Sitz fand sich auch noch eine keulengroße, halb gerauchte Zigarre des Feldherrn. Der Hausmeister vom blonden Hans wollte sie ehrfurchtsvoll als Souvenir aufheben. Doch der Chef aber ordnete an, daß er sie sofort fein säuberlich aufschneiden und gleich respektlos aus der Pfeife rauchen mußte. Später bekam Albers dann einen schönen BMW zugeteilt, der ihm wiederum vom nachmaligen Bundeskanzler Erhardt abgenommen wurde. Um gleich darauf um einen Alleebaum gewickelt zu werden.

Ach, da schau her, das Konterfei gleich nebenan ist ja der Ernst Busch. Der einzige Leichengänger und Trauergast, der seinem Herrn und Meister an dessen Grab im Berliner Dorotheen-Friedhof ein Lied singen durfte. Bertolt Brecht war der Verstorbene.

Folgt Mady Christian. Das herzige Donauhascherl der Stummfilmzeit. Hieß ihr berühmtester Film nicht »Die Frau, von der man spricht«? Nun ist sie leider die Frau, von der niemand mehr spricht. Einen Schritt weiter blickt der Betrachter der unwahrscheinlich hübschen Lil Dagover in die träumende Pupille. Sie selber jedoch schaut über ihn achtlos hinweg in Richtung Borneo, Sumatra und Java. Zu jener Insel, auf der sie auch geboren wurde und von der es in einem Schlager so schön hieß: »Die Mädchen von Java, die sagen niemals nein.« Wie oft mag sie wohl selber ja gesagt haben? Diese märchenhafte Salonorchidee, die heute leider nur mehr im verborgenen verblüht.

Ja, und so konnte eben nur Mephisto und Gustaf Gründgens lächeln. »Sein oder nicht sein« mag es vielleicht bedeutet haben. Er hat das Nichtsein selber gewählt. Vor Jahren in Manila, sagt man. Was, das dort ist die Lilian Harvey? Und in England geboren war das »süßeste deutsche Mädel der Welt« auch noch. Aber diese körndlgefütterten Oberarme? Das mußte ja ein richtiger blonder Schraubstock gewesen sein. Hünefeld mit dem Einglas schaut sie mitleidig von der Seite an. Der hatte doch den Ozean als erster von Ost nach West überflogen. Dabei war er von Beruf keineswegs Pilot, sondern Religionsdichter.

Ja, da schnallst aber ab. Willi Fritsch und Emil Jannings sind nämlich gerade abgelichtet worden, wie sie in drohender Boxerstellung aufeinander losgehen. Und der schöne Willi hält dabei seinem Gegner die geballte Faust mit einer Geste unter die Nase, als wollte er sagen: »Na, Emil, könntest du mir nicht den Fuffzicher wechseln?« Cassius Clay würde bestimmt beim Anblick dieses Bildes vor Lachen ausgezählt werden. Dicht daneben aber ein wirklicher Fighter, Paul Samson Körner, der den blonden Hans Breitensträter in fünf Minuten total auseinandernahm. Einer der wenigen Faustkämpfer, die auch noch in ihren alten Tagen alle Zähne im Mund und alle Tassen im Schrank hatten.

»Menuhin, Yehudi« steht unter einer Porträtskizze, die einen blutjungen Fußballfanatiker mit Schlägermütze zeigt, dem man vielleicht zugetraut hätte, daß er bei Fehlentscheidungen des Schiedsrichters auf einem Hausschlüssel pfeift, aber niemals daß er eine Stradivari streichelt. An der fröhlichen Eleonore Roosevelt mit ihrem entblößten Derbysiegergebiß kommt der Wirtshausspezl zum Schluß noch vorüber. Auch an Richard Tauber, der, stramm genudelt, bei einer unbekannten Schönen gerade mit einem Handkuß angreift, an der Adele Sandrock, Deutschlands gefürchtetstem Unterrock-Feldwebel, und an Conrad Veidt. Und an diesem und jenem und vor allem an dem berühmten »Kennstn no«. Sic transit gloria.

Alter Friedhof aufgelassen

Unter den ehrwürdigen Linden und Erlen des aufgelassenen Vorstadtfriedhofs und vor allem unter jenen stillen Bäumen, die nur noch einen einzigen waagrechten Ast haben und Kreuze genannt werden, wohnte schon immer der einzig wahre Frieden. Drum war auch das Sitzen auf einem alten umgefallenen Grabstein in dieser Oase, in der alle Wege enden, ein seelisches Fußbad. Und viele alte Münchner schauten schläfrig und zufrieden dem kleinen Glück und Treiben zu, das sich da rings um sie abspielte.

Mit grünen Gießkandln und kleinen eisernen Rechen kamen die freudlosen Witwen und kratzten ein bißchen wie versprengte Hühner auf den schwarzen Hügeln herum. Manche von ihnen waren vielleicht auch nicht ganz unschuldig, daß ihr Seliger so früh schon in die Rückenlage mußte. Und drum schauten sie auch manchmal scheu um und redeten dann mit schrägem Kopf und milder Sieben-Geißlein-Stimme auf den Total-Entschlummerten ein, daß sie's doch gar nicht so gemeint hätten, damals.

Hausfrauen mit Einkaufstaschen, aus denen grüne Porreeschwanzl hingen, kamen vom Markt, ratschten ein bißchen, seufzten ein wenig und gingen weiter. Vielleicht an der letzten Ruhestätte des U-Boot-Erfinders Wilhelm Bauer vorbei. Dessen Lebensziel es war, möglichst tief unters Wasser zu kommen. Und der aber doch nur unter die Erde kam. Oder sie verschnauften ein wenig beim hingestreckten Erzbild des toten bayerischen Generals und hängten ganz respektlos ihre Salatnetzerl an dem weggespreizten Säbel auf. Mein Gott, wen mochte dieser Marschall wohl alles befehligt haben. Vielleicht »Ein Regiment zu Fuß und ein Regiment zu Pferd und ein Bataillon Deutschmeister«, wie es in einem alten Lied heißt. Möglicherweise aber hatte man auch die zweite Strophe nach ihm gedichtet: »Die Trommeln ließ er rühren und die Pfeifen tirilieren und den Fähnrich ließ er hängen.« Auf seinem Sockel stand noch irgend etwas eingemeißelt, was der Feldherr alles eroberte, an Land, an Boden und Raum. Nun, er tat es gewiß für sein Vaterland. Denn für ihn selber blieben doch gut gerechnet auch nur drei Quadratmeter übrig.

Gleich neben ihm ging auch der Lieutenant Alarich Grimmi unter einem wuchtigen Basaltblock für immer in volle Deckung. Komischer Name – »Grimmi« – mochte sich dabei sicher schon dieser oder jener stille Wandersmann gedacht haben. Am Ende war das gar der Erfinder der Grimmiteigsuppe.

Besonders bei den Buben war der alte Friedhof auch recht beliebt. Meist spielten sie dort wohl Räuber und Schandi. Und wenn einer dann sein Stopselgewehr hob und »bum« machte, fiel ein anderer Kniehosenträger um und riß im Fallen theatralisch das Hemd vorne auf wie der Andreas Hofer. Ein zartes blasses Kalbsbrüstlein wurde sichtbar. Das aber gewiß noch nicht mit Heldentum und ähnlichen Idealen gefüllt war, sondern eher noch mit eingeweichtem Weißbrot und frischer Petersilie. Weiter vorne drohte ihnen dann der Friedhofswärter mit einem Stock, an dem eine lange Stahlspitze war. Den Kindern wurde erzählt, damit würde er die unartigen Buben aufspießen. Aber der Alte sammelte doch mit seiner Billettl-

harpune nur weggeworfene Trambahnscheine und Brot-
zeitpapierl.

Oft saßen auch zwei alte Penner auf einem flachen
Monument mit verwachsener Inschrift und machten Brotzeit. Es waren zwei Tippelbrüder, wie sie wohl der Hög-
feld gemalt hätte. Zuerst zog der eine sein schartiges
Taschenmesser an einem grauen Granitsockel ab. Aber es
war immer noch stumpf, so daß er sich für den weit edle-
ren Carrara entschloß. Dann schnitten die beiden einen
linoleumfarbigen Preßsack in Streifen und ein Brot, das
vor lauter Altsein knarzte. Nach dem Essen holte der
Ältere eine winzige Mundharmonika aus dem Sack. Und
spielte leise. Der andere sang dazu mit kindischer Kopf-
stimme: »A bissal Lebn, a bissal Schterbn. A bissal Gebn,
a weng verderbn.« Seltsamer Text. Und nachher kicherte
er dann und sagte: »Jetzt hören Sie das Lied von de
Weißwürscht.« Und er deklamierte: »Wer weiß, würscht
du mich wiedersehn, am grünen Strand der Spree.«

Drüben an der Mauer zählten Kinder aus zum Fanger-
manndl: »Bicka, backa, Pfannaschtui.« Sie standen dabei
um einen steinernen Engel herum. Und weil der gar so
still und artig war, wurde er auch mit ausgezählt. Eine
Schleifen-Marilli tippte ihm dann jedesmal an die Sand-
steinbrust. Daneben ließ sich die alte Zaglin erleichtert auf
einen riesigen Stein nieder. Sie saß am liebsten auf
schwarzem Marmor. Weil der so schön kühl war.

Der lesende Tee-Nager auf der Bank nagte aber keine
Ceylonblätter. Sondern Erdnüsse. Ach, sie war immer so
vertieft, daß sie nicht einmal das bettelnde Eichkatzl
sah.

Hinter dem Grabmal der Gräfin Wackerstein beobach-
tete ein alter Zaungast einen jungen Mann, der schlief. Er
lag genauso friedlich da wie zwei Klafter tiefer die durch-
lauchtigste Kammerfrau. Und in ihrem ganzen Leben war

sie doch so sauber geblieben. Und nie kam ihr ein Mann so nahe. Und dann so was.

Ach, es war kühl und schön und tröstlich in der Endstation Bergerlheim. Und auf einmal wußte ein müder Betrachter auch, warum er sich da immer gar so geborgen vorkam. Er hatte halt das stille Gefühl in sich gespürt: Man ist gleich daheim, wenn's pressiert.

Aber so pressiert's dem rüstigen Greis natürlich auch wieder nicht.

Es war einmal ein Musikus

Der Alte blieb noch so lange vor dem rechteckigen Loch stehen, bis die zwei mürrischen Friedhofswärter fort waren. Nachdem sie endlich einsehen mußten, daß es wirklich kein Trinkgeld gab. Dann erst setzte er den schlappen schwarzen Hut auf, denn es begann leise zu regnen.

Es waren nicht viele Leute zu der Beerdigung des Stehgeigers Sebastian Donnergang gekommen. Nur drei. Ein Vertreter der Gewerkschaft »Musik und Unterhaltung«. Eine halbtaube Frau, die stark nach Suppenwürze roch. Sie war die Schwester von der längst verstorbenen Gattin des Geigers und hatte seit ihrer Jugend verbissen und hoffnungslos auf den Sebastian Jagd gemacht. Der dritte war er selber. Der Pianist des unbedeutenden, aber allgemein beliebten Vorstadttrios »Die drei Musketiere«.

Der alte Mann hatte den Dahingegangenen schon als kleinen Jungen gekannt. Damals war der Geigenkasten, den der Schüler Donnergang zweimal in der Woche zum Musiklehrer schleppte, um ein gutes Stück größer gewesen als der winzige Paganini selber. Einmal hatten sie ihm die Fiedel heimlich herausgenommen, als er seinen schwarzen Melodiensarg abstellte, um bei einem Fußballspiel gegen die Nebenstraße zuzusehen. Den grün gefütterten Behälter füllten sie dann mit schweren Wackersteinen. Die hatte der Sebastian anschließend geschleppt, keuchend und plötzlich laut auflachend. Denn er wußte schon, bevor er den Behälter öffnete, was darinnen war. Später, als er dann aus der Volksschule kam, da durfte er bei der Abschlußfeier in der Aula das »Poem« spielen. Von Viebig. Das war dann sogar in der Zeitung gestanden. In der Jugendbeilage. »Mit viel Fleiß und Hingabe« hatte es in dieser Notiz geheißen. Aber dann hatte die Presse von seinem langjährigen Stehgeigerleben keinerlei Kenntnis mehr genommen.

Der verregnete Trauergast vor der unguten Grube dachte jetzt daran, wie sie sich einst gefunden hatten. Er, der junge Klavierspieler, hauptberuflicher Werkzeugschlosser. Solist Sebastian, der sich als Unterhaltungsmusiker sein Studium verdienen wollte, um später einmal bei den Philharmonikern die geliebten Saiten streichen zu dürfen. Und der gutwillige blasse Schlagzeuger Rudolf Sonntag. Der hatte die schönsten und bleichsten Hände der Welt. »Wie eine Hebamme«, sagte seine Hauswirtin immer. Und die mußte es ja wissen, denn sie hatte selber sechs Kinder.

Das erste Engagement der drei Musketiere bekamen sie beim Gründungsfest des Sparvereins »Harmonie«. Das »Glühwürmchen« mußten sie da spielen. »An der Weser« und den »Musinen-Marsch«. Der junge Kapellmeister Donnergang aber hatte als Überraschung auch selber noch eine Weise komponiert. »Rosen aus der Heimat« hatte das Stück geheißen. Er spielte die selbstgeschriebenen Noten mit viel Gefühl vom Blatt. Ein tadelloses Taschentuch unters Kinn geklemmt. Aber kein Mensch paßte auf. Nachher zerriß der Virtuose die verschmähten Rosen, lachte und sagte: »Dann eben nicht, liebe Tante.« Der Sebastian nahm nie etwas schwer.

Später kam dann das lange glückliche Leben der kleinen Tanzkapelle. Im Vorstadtcafé bei der Gasanstalt spielten sie fast ein Vierteljahrhundert. Die »Donna Clara«, die »blonde Inge«, die »Regentropfen« und den »schönen Gigolo«. Ach, was waren das doch für schöne Schlager und für schöne Mädchen, die da vorüberzogen. »Am Abend im Getreide« trällerte der fesche Geiger der hübschen Seibold Muschi zu, die dafür mit dem Finger zurückdrohte und ihrerseits parodierte: »Es war einmal ein Pfiffikus.« Mädchen gab es genug und junge Frauen, die sich für den lustigen Fiedelmann interessierten. Aber sie brachten ihn alle bald wieder zurück an seinen verstellbaren Notenständer. »Geh, der, der ist doch mit seiner Geige verheiratet«, hieß es in eingeweihten Kreisen. Und auf einmal schaffte ihn doch eine. Die rote Fanni vom Küchenbüfett. Gute zwanzig Jahre älter und ebenso viele Kilo schwerer als Herr Donnergang war die. »Der hat doch den Mutterkomplex«, sagten die verschmähten Damen, und einige sagten auch noch »Aha, darum«. Und

auf einmal war das alles aus. Im Krieg verloren sie ihren braven Schlagzeuger Sonntag. Als man ihn herausscharrte aus dem großen Luftschutzkeller, sah man, daß dem toten Musikus die Hälfte seiner schmalen blassen Hände fehlte. Er hatte sich die Finger an der Zementmauer bis auf acht kurze Knochenstummel abgekratzt, bevor er erstickte.

Den Mann am Grab schüttelte es. Und er wandte sich zum Gehen. Die nasse Erde bildete hohe Stöckel an seinen Schuhen, und er dachte daran, wie ungern er eigentlich auf den Friedhof ging.

Das letzte Mal war's vor sieben Jahren, als man seine Schwester eingrub. Und das nächstemal? Der Mann im Novemberregen lächelte ein wenig verbraucht und bitter. Da würde er wohl nicht mehr gehen müssen. Da würden sie ihn sicher tragen. Den letzten der drei Musketiere.

Zum-Zum

Der Mann von siebzig Jahren war lange weggewesen aus seiner geliebten Stadt. Zuerst die schwere Krankheit, dann die Operation, dann das Sanatorium und zuletzt die Einladung von seinem Sohn, dem Diplomingenieur, nach Khartum. Jener Stadt im dunklen Afrika, in die er als Bub, nachdem er die »Sklaven-Karawane« von Karl May gelesen hatte, immer gerne hinwollte. Er hatte seinen wenigen Bekannten und den zwei alten Spezln, die er in seiner kleinen Heimat unter dem Alten Peter noch besaß, das ganze letzte Jahr über nicht mehr geschrieben. Weil er sie doch überraschen wollte. Aber als er jetzt die vertrauten Straßen, die Winkel und die Häuser seiner frühen Jahre noch einmal besuchen wollte, war lediglich er überrascht.

Vieles war ja recht schön und fortschrittlich. Aber diese ungeheuren Zement-Pueblos, diese vielen Automobile, die den Fußgänger jagen wie Antilopen, und die vielen, vielen Leute, die er natürlich nicht mehr kannte, stimmten ihn recht traurig. Doch nun war er ja nach Jahr und Tag wieder einmal auf dem Weg in seine geliebte kleine Stammwirtschaft, die den wunderschönen heimeligen Namen »Zum Alten Kameraden« trug. Schon als Bub hatte er dort immer »zweimal Dreiquartel« für seine Eltern geholt, bei der Firmung den ordnungsgemäßen Maiweinrausch gehabt und als Halbwüchsiger im Nebenzimmer die ersten Faschingstanzschritte auf den Silberschuhen der Hausmeister-Vevi gewagt.

Er konnte sich auch noch gut erinnern an die leeren, verschlafenen Zehnliterfaßl, die immer im Hausdurchgang lagerten und in die sie als Kinder kleine Steine warfen, weil das doch so schön klingelte, wenn sie vom Bierfuhrwerk, das zweimal in der Woche kam, abgeholt wurden. Wenn die zwei gewaltigen Kutscher, die noch mit richtigen Rössern fuhren, die vollen Faßl abluden und auf ein großes Lederpolster fallen ließen, stand auch die Wirtin im weißen Wickelschurz bereits vor dem geöffneten Kellerschacht, in den das Bier hinunterkam, und paßte auf, daß keines von den Gassenbälgern in die dunkle Öffnung hineinfiel.

Ganz zum Schluß trug dann der Gehilfe des Bierwagenfahrers drei Stangen Eis in die Wirtschaft. Und weil die Barfußläufer halt gar nicht mit dem Betteln aufhörten, hackte man ihnen schließlich mit dem Stahlstecher ein paar kühle Brocken herunter. Diese frostigen Leckerbissen glitschten dann rasch in die entsetzten minderjährigen Speiseröhren hinab.

Hinter der halbblinden Scheibe »Zum Alten Kameraden« aber hing zweimal in der Woche eine neue, handgeschriebene Speisenkarte, auf der die Kinder ihre ersten Leseübungen machten. Wobei dem alten Mann besonders das Wort »Büfflamott« sehr imponierte. Weil er nämlich glaubte, das wäre sicher ein Stück von einem amerikanischen Bison oder Präriebüffel.

Auch an die weiß verspritzten Maurer und Arbeiter, die vormittags um zehn Uhr kamen, wenn sie selber auf dem warmen Pflaster drallerten oder kleine Schusserka-.

cherl mit der Ferse in den weichen Schwarzbrotboden drehten, mußte er denken. Wie die da jedesmal mit ihren Karten auf den Tisch schlugen, wenn sie rasch »oane« auswatteten. Und er hatte sich schon damals vorgenommen, später einmal genauso kräftig zu »watten« und den »Maxe«, wie doch der höchste Trumpf hieß, dann als letzten Stich hinten anzuspucken und sich auf die Stirne zu pappen. Genauso wie es der dicke, rotkopfige Polier immer machte.

Nachmittags aber hatte die kleine Wirtschaft am Eck Siesta, und außer den paar Stubenfliegen und dem schlafenden Schnauzl, der auf den seltsamen Namen »Seraphin« hörte, war niemand in der Gaststube. Aber später, wenn er das Bier in dem dreiteiligen Drahttragerl holen mußte, traf er alle seine Spezl wieder an der Gassenschänke.

Schließlich kam er selbst in das Alter, wo er die erste Stehhalbe kippte. Dabei galt der Fusinger Wastl schnell als der größte Säufer. Und er starb dann auch bereits mit zweiunddreißig Jahren den einzigen Tod, der so einem frühen Wirtshausbruder zusteht. Nämlich unter einem geschwungenen Maßkrug.

Dann kamen lange Jahre der Geselligkeit, als er beim Stopselclub »Zieh blank« dabei war, und später dann auf der alten Kegelbahn, die jedoch wegen des Protestes der Nachbarschaft ihr Gepolter bald einstellen mußte. Und schließlich ging man ganz zum gemütlichen Teil über, zum Haferltarock und zum Schafkopfrennen. Und als die treue Lebensgefährtin des alten Mannes nur mehr mit retuschierten Augen aus dem ovalen Bilderrahmen auf ihr leeres Bett hinunterblinzelte, war die kleine Wirtschaft die eigentliche Heimat des Heimkehrers geworden.

Ganz unbemerkt und vielleicht irgendeinem Geruch folgend stand der alte Mann nun endlich vor dem Haus seiner Dreiquartelsehnsucht. Doch, was mußten seine erstaunten, sicher etwas komischen Fischaugen nun sehen? Ja, doch, das alte Haus hatte allen Verkehrsplanungen und Neubauversuchen tatsächlich getrotzt. Aber wo war denn die Gast- und Tafernwirtschaft »Zum Alten Kameraden«? Die war einfach weg. Statt dessen hatte sich ein blitzsauberes Restaurant dort eingenistet. Und wie der entsetzte Stammgast beim Blinzeln durch die viel zu blanken Scheiben erkennen mußte, waren gar zwei Kellner drin am Werk, die völlig fremden Zechern mit sachlich-unpersönlichem Marionettenlächeln ihre Wünsche erfüllten.

Der Mann ging nun fünfzehn Schritte rückwärts, um seine Enttäuschung auch aus gebührender Entfernung eingehend betrachten zu können. Und da las er in gläserner Neonschrift an derselben Stelle, an der einst auf den mürben Hausverputz der Name seiner Schafkopfstation aufgeschrieben war, die völlig rätselhaften Worte: »Zum-Zum«. Umsonst suchte er eine Fortsetzung dieses unbegreiflichen Textes. Und er dachte sich einen Augenblick: »Vielleicht ist die Arbeit der Beschrifter noch nicht ganz fertig.« Doch auch auf der anderen Seite des Restaurants las er wiederum die gleichen Worte.

Da ging er kopfschüttelnd und traurig den Weg in seine kleine Wohnung wieder zurück und dachte immer wieder das gleiche: »Zum-Zum, so kann man doch nicht heißen als Wirtschaft. Da fehlt doch was.« Und erst daheim fiel es ihm dann schließlich ein, was da fehlte. Und er mußte fast ein bißchen lächeln, weil er nicht gleich darauf gekommen war. Ja, was denn wohl? Die alten Kameraden halt.

Wenn sich die Kreise schließen

Der alte Mann mit dem weißen Märchenbart, der ausschaut, als hätte er einen Schimmel verspeist und den Schwanz nicht mehr hinuntergebracht, wie ein lustiger Spitalerkumpan von ihm immer sagt, ist auf der Bank an der Mauer wohl ein bißchen eingenickt. Dabei wird doch keine zwanzig Schritt von ihm entfernt gerade der Andreas Hofer erschossen. Es ist der Gilger Marte. Die Mutter hat ihn zwar, weil doch Maschkerazeit ist, als Napoleon angezogen, mit dem quergedrehten Plüschhut aus Papas Gigerljahren und einer Rosette von irgendeiner Straßensammlung drauf. Aber der Widersinn Gori, der Pfeilere und die anderen haben entschieden: »Da Napoleon hod doch an Gaul g'habt und du net. Also bist du da Andreas Hofer.« Dem Marte ist's recht. Und sie lehnen den Freiheitshelden an die Mauer zur Exekution. Als letzten Wunsch darf er noch ein Lied singen. Mit klarer Stimme plärrt er: »Lustig ist die Fasenacht, wenn mei Muadda Kiachl bacht.«

Der Gesang erreicht den schlafenden Greis im Traum, und er sieht sich selber als Bub mit Zichoriepapierl angestrichenen runden Backen und einem verwegenen Schnurrbart, der wohl aus Stiefelwichse war. Schon lange vor dem

Fasching hatten sie Schweinsblasen beim Metzger Friedel gebettelt. Die wurden dann farbig angemalt und galten als Luftballons. Auch zuhauen konnte man mit ihnen. Und natürlich erst recht mit den selbstgemachten Bretschen. Zum Beispiel die Geschwister Ziegler. Deren Mutter tat sich übrigens ganz leicht. Sie zog das Fannerl immer als Buben an, und der Micherl ging im Kleid seiner Schwester. Das ganze Haus lachte die zwei aus, und sie schämten sich sehr. Aber die Zieglerin hatte halt gar kein Geld und war Witwe.

Die nächste Erinnerung an den Fasching ist eigentlich schon ein Ball. Im Gasthof »König Ludwig II.« fand er statt. Da konnten die Halbwüchsigen durch die angelehnte Küchentür zuschauen, wie das geht. Und der tollkühne Bene nahm dem kichernden Aschenbrödel Vevi den Spüllumpen aus der Hand und zog sie hinaus in die Wirtsstube, mitten unter die tanzenden Erwachsenen hinein. »Eins und zwei« zählte der Bene mit, bis ihn die Wirtin sah und nach ihm schlug: »Werd's zerscht trock'n hinter de Ohrn«, sagte sie. Als der greise Träumer damals glaubte, das sei er nun auch bald, ging er mit den Älteren einmal maskiert auf eine richtige Fasenachtsgaudi. Als Indianer angestrichen, weil er Angst hatte, wegen dem Rotwerden. Seine erste Tänzerin hatte bronzierte Schuhe an. Nach dem stolpernden Galopp waren auch seine Mokassins versilbert. Er sagte zwar: »Den nächsten, bittschön.« Doch die Schöne ward nie mehr gesehen. Es folgten viele Bälle. Aber jedesmal, wenn er von einer Tänzerin schwärmte, sagten seine Freunde, die noch keine hatten, zu ihm: »Geh, du host ja a Eck im Aug.« Und immer redeten sie ihm die Auserwählte aus. »Unsa Freindschaft ist doch vui wichtiga«, sagten sie. Und er ließ die Mädchen dann jedesmal stehen. Bis er einmal seinen besten Freund mit einer der Verschmähten eng umschlungen abziehen sah. Dann war er nicht mehr so dumm. Damals lernte er auch die Metzger-Leni kennen. Aber über das »Sie« kam er bei der auch nicht hinaus. Wenn er aber eine Wurst holte in ihrem Laden, und der Vater war nicht da, wog sie ihm immer recht gut. Der alte Mann muß noch im Schlafe lächeln. Weil's die Leni immer noch gibt. Jetzt gehört ihr der Laden aber selber. Doch wiegt sie sehr genau heute. Auch bei ihm.

Einmal durfte er auch auf eine richtige Redoute gehen. Ein ferner Onkel, mäßig reich, hatte ihn mitgenommen. Mit Visier und geliehenem Frack. Eine rätselhaft schwüle Nacht. Mit Schampus und Française. Verschwommen taucht jetzt ein märchenhaftes Gesicht und ein längst vergessenes Lied in ihm auf. Die Königin der Nacht hatte es dem jungen Mann ins Ohr gesungen: »Servus du«, flüstert sie ganz leise, »servus du, um sechs bin ich bei dir.« Aber sie kam weder um sechs noch um sieben. Sie kam überhaupt nicht. Und dennoch hatte dem Träumer in derselben Nacht noch das Glück gelacht. Es stand hinter der Garderobe und hieß Mina. Sie wurde seine Frau. Ein Jahr und zwei Monate später.

Auch mit ihr war er oft auf den Fasching gegangen. Und einmal hatten sie keck vereinbart, sich für eine Ballnacht voneinander zu trennen. An der Garderobe gingen sie auseinander, und um drei Uhr würden sie sich bei den Mänteln wieder treffen. Stundenlang stand er dann hinter einer Säule, bangte und suchte nach ihr. Erst um zwei Uhr entdeckte er schließlich seine Mina. Sie stand nämlich auch hinter einer Säule. Später, als es Herbst wurde in ihrem Leben, gingen sie am Faschingssonntag noch gemeinsam an seinen Stammtisch und setzten rote Papiermützen auf. Bis die Mina auf den Tag genau nach zweiundvierzig Jahren, nachdem er sie kennengelernt hatte, ohne jeden Grund und Sinn überfahren wurde. Seit damals lächelt der bärtige Alte ein bißchen bitter.

Auf einmal werden die spielenden Buben auf den schlafenden Graubart aufmerksam. Und der Frechste von ihnen zupft ihn sogar am Bart und schreit: »Des is ja da Rübezahl.« Jetzt schreien sie alle ganz laut: »Rübezahl, Rübezahl, es war einmal.« Der Alte wacht aus seiner Erinnerung auf. Und auf einmal macht er »Huhu« und schaut grimmig und droht mit dem Finger. Und die Buben lachen. Der alte Mann aber weiß es: Der Kreis hat sich geschlossen. Er darf wieder mitspielen mit den Kindern. Und sogar in einer Hauptrolle.

Kühler Weg ins Jenseits

»Gestern vormittag wurde am Rechen des Südwerks II bei den sogenannten Isarüberfällen die Leiche einer unbekannten weiblichen Person angeschwemmt.« Mit brummelnden Lippen liest der Rentner Hagel diese Zeilen im Polizeibericht. Er weiß natürlich, daß es sich bei den erwähnten Überfällen nicht um die fast täglich wiederkehrenden Vorfälle handelt, bei denen maskierte Menschen mit einer sechsschüssigen Bettelmaschine einen Bankbeamten um etwas Kleingeld bitten, sondern um die kleinen Katarakte droben an dem hölzernen himmellangen Isarsteg. Dort, wo er selbst einst den sagenhaften »Hundsdapperer« erlernte und später dann in der Zeit der Weidenkätzchen mit manchem süßen Liebchen in jenen verschwiegenen Weidenbüschen verschwand, die im Volksmund auch gerne »der Verlobungswald« genannt wurden.

Und trotz der romantischen Vorstellung von dieser Gegend war es dem alten Mann doch immer ein bißchen unheimlich und schaurig an dem murmelnden Wasser der Vorstädte. Und das begann vielleicht schon bei jener Tragödie der schönen Frau Stummbaum, die damals das ganze Viertel wochenlang beschäftigte. Also diese Dame, eine verführerische Bernauerin, von der sie übrigens auch den

Vornamen Agnes hatte, war mit einem dünnarmigen, lächerlichen Mannsbild verheiratet, das trotzdem Vorstand des Zimmerstutzenklubs »Auge auf« oder so ähnlich war. Die schöne Agnes aber litt häufig an starken Kopfschmerzen und ging dann hinüber in die Anlagen. Dort entdeckte sie schließlich der Kundschafter Biwi Santner mitten in den Weiden. Und er kam atemlos zum Herrn Stummbaum gerannt und sagte in seiner kindlichen Vorstellung: »Herr Stummbaum, Ihre Frau liegt mit einem jungen Mann am Rio Grande drüben und der Mann will Ihre Frau wohl verzehren. Ich habe es nämlich selber gesehen, wie er sie ins Ohr gebissen hat.« Da nahm der Vorstand sein Gewehr aus der Hülse, fand seine Frau und erschoß sie. Am anderen Tag schaukelte er selber lautlos auf dem alten Baum an der Brücke, und die Buben sagten: »Uff.« Und wurden rasch vertrieben. Der böse zynische Hundefänger Zacherl aber deutete ohne jedes Gefühl auf den Schwebenden und sagte auch noch: »Daher der Name Stumm-Baum.«

Zwei Jahre später geschah dann die Geschichte mit der Lore Schapper. Die war auch immer beim Baden an den Überfällen, weil ja zu jener Zeit doch noch alles arbeitslos war und die Stunden voller Müßiggang, von dem der Kaplan Seidl immer sagte, er sei aller Laster Anfang. Aber wo man seinen Müßiggang vielleicht gegen eine Arbeit umtauschen könnte, wußte er leider auch nicht. Da geschah es eines Tages, daß der alte Herr Schapper die Lore schrecklich schimpfte und aus der Wohnung jagte. Ein paarmal wurde sie dann noch zerzaust und heruntergekommen im »Verlobungswald« gesehen, und dann zog sie die Feuerwehr mit einer langen Stange aus der »Roßgumpe«, dem allertiefsten Wasserloch. Wieder war auch diesmal der Hundeschlächter gleich da, deutete auf die schlimm aussehende Tote und nuschelte hämisch: »Na ja, das sieht ja jeder, daß die einen Braten in der Schublade hat.« Der Hagel-Bub und seine Freunde aber wußten mit diesen Worten nichts anzufangen, und als schließlich der Biwi Santner den Herrn Lehrer fragte, was das sei, wurde er stumm und verbissen übergelegt.

Nach dieser Zeit aber blieb die Roßgumpe lange Zeit verwaist. Sie wurde von den Kindern gemieden, weil es hieß, die arme Seele der Lore würde da drin noch immer herumrudern.

Den betagten Mann fröstelt heute noch, wenn er an die Lore denkt und an ihren kühlen Weg ins Jenseits. Und dabei fallen dem Greis auch die Worte des Dichters ein, von dem ertrunkenen Mädchen, von dem es so traurig heißt: »... so geschah es, ganz langsam, daß Gott sie all-mählich vergaß. Erst ihr Gesicht, dann die Hände, und zuletzt ihr Haar.«

ERSCHIENEN BEI R. S. SCHULZ

Frank Arnau
Watergate · Der Sumpf
DM 9,80

Dr. med. Max Bajog
**Wer denkt, raucht nicht —
wer raucht, denkt nicht**
DM 5,80

João Bethencourt
**Der Tag, an dem der Papst
gekidnappt wurde**
DM 9,80

Manfred Bockelmann
Magic Hollywood
DM 38,—

Werner Egk
Die Zeit wartet nicht
DM 25,—

Anneliese Fleyenschmidt
Wir sind auf Sendung
DM 19,80

Indira Gandhi
Indira Gandhi spricht
DM 22,—

Valeska Gert
Katze von Kampen
DM 14,80

Michael Graeter
Leute · Bd. I und II
je DM 69,—

Erich Helmensdorfer
Die große Überquerung
DM 12,80

Erich Helmensdorfer
Westlich von Suez
DM 26,—

Erich Helmensdorfer
Hartöstlich von Suez
DM 22,80

Otto Hiebl
schön daß es München gibt
Broschiert DM 9,80
Leinen DM 14,80

Werner Höfer
Knast oder Galgen?
DM 24,—

Werner Höfer
**Starparade —
Sternstunden**
DM 36,—

Werner Höfer
Deutsche Nobel Galerie
DM 25,—

Friedrich Hollaender
**Ich starb
an einem Dienstag**
DM 22,50

Friedrich Hollaender
Ärger mit dem Echo
DM 13,80

Hermann Kesten
Die Witwen der Revolution
DM 26,—

Hermann Kesten
**Revolutionäre
mit Geduld**
DM 26,—

ERSCHIENEN BEI R. S. SCHULZ

Horst Knaut
Propheten der Angst
DM 9,80

Hannsjoachim W. Koch
**Geschichte
der Hitlerjugend**
DM 22,—

Manfred Köhnlechner
Die Managerdiät
DM 9,80

Karl-Heinz Köpcke
**Bei Einbruch
der Dämmerung**
DM 25,—

Karl-Heinz Köpcke
**Guten Abend, meine
Damen und Herren**
DM 19,80

Peter Kreuder
**Nur Puppen haben keine
Tränen**
DM 25,—

Hardy Krüger
**Wer stehend stirbt,
lebt länger**
DM 26,—

Karl Lieffen
**»Was fällt Ihnen ein —
Lieffen«**
DM 22,80

Filadelfo Linares
**Beiträge zur negativen
Revolutionstheorie**
DM 22,50

Georg Lohmeier
**Geschichten
für den Komödienstadel**
DM 19,80

Angelika Mechtel
Ein Plädoyer für uns
DM 25,—

Angelika Mechtel
Die Blindgängerin
DM 25,—

Angelika Mechtel
Das gläserne Paradies
DM 25,—

Angelika Mechtel
Friß Vogel
DM 25,—

Peter de Mendelssohn
Das Gedächtnis der Zeit
DM 25,—

Werner Meyer
Götterdämmerung
April 1945 in Bayreuth
DM 22,—

Werner Meyer
Carl Schmidt-Polex
Schwarzer Oktober
17 Tage Krieg um Israel
DM 9,80

Peter Norden
**Das Recht der Frau
auf zwei Männer**
DM 16,80

Erik Ode
Der Kommissar und ich
DM 25,—

ERSCHIENEN BEI R. S. SCHULZ